国际PPP系列丛书

日本政府和社会资本合作（PPP）研究

王天义　杨　斌　主编

清华大学出版社
北京

内容简介

日本政府和社会资本合作(Public-Private Partnership,简称PPP)模式的推广始于20世纪90年代末,至今已形成较为完善的制度规范,积累了大量的经验。在政府和社会各界的共同努力下,日本PPP发展十分迅速,项目数量和投资规模稳步增长,并广泛应用于文化教育、健康与环境、城市建设、政府公务、生活与福利等诸多领域。日本PPP发展过程中形成了很好的顶层设计,包括完整的PPP法律、政策和管理体系等。PPP模式的引入,有效推动了日本基础设施建设和公共服务水平的提升,取得了良好的经济和社会效益。

图书在版编目(CIP)数据

日本政府和社会资本合作(PPP)研究/王天义,杨斌主编. —北京:清华大学出版社,2018
(国际PPP系列丛书)
ISBN 978-7-302-49738-7

Ⅰ. ①日…　Ⅱ. ①王…　②杨…　Ⅲ. ①政府投资—合作—社会资本—研究—日本
Ⅳ. ①F833.134.8　②F131.347

中国版本图书馆CIP数据核字(2018)第035800号

责任编辑: 王如月
封面设计: 常雪影
责任校对: 王荣静
责任印制: 宋　林

出版发行: 清华大学出版社
网　　址: http://www.tup.com.cn, http://www.wqbook.com
地　　址: 北京清华大学学研大厦A座　**邮　　编:** 100084
社 总 机: 010-62770175　**邮　　购:** 010-62786544
投稿与读者服务: 010-62776969, c-service@tup.tsinghua.edu.cn
质量反馈: 010-62772015, zhiliang@tup.tsinghua.edu.cn
印 装 者: 三河市国英印务有限公司
经　　销: 全国新华书店
开　　本: 170mm×240mm　**印　　张:** 10　**字　　数:** 163千字
版　　次: 2018年4月第1版　**印　　次:** 2018年4月第1次印刷
印　　数: 1～3000
定　　价: 45.00元

产品编号:077692-01

丛书编委会

总　序

PPP(Public-Private Partnership,政府和社会资本合作)模式发源于欧洲,应用于全球。进入21世纪之后,PPP模式在世界范围内得到了更为广泛的推广应用,理论、政策法律研究也得到了深化。通过PPP模式扩大基础设施投资,提高社会公共服务效率,进而推动经济有效增长,实现政府治理现代化,已经成为各国促进可持续发展的现实需求和机制创新。

中国PPP实践始于20世纪90年代,但真正的系统化大规模应用则始于2014年,之后发展速度之快、规模之大远远超过了PPP发展较为成熟的世界其他国家。中国政府高度重视PPP模式的研究和应用。2014年以来,国务院及相关部委密集出台了一系列政策文件,大力推广应用PPP模式。2016年《政府工作报告》提出,要完善政府与社会资本的合作模式,充分激发社会资本的参与热情。2017年9月,国务院办公厅《关于进一步激发民间有效投资活力促进经济持续健康发展的指导意见》提出,鼓励民间资本参与PPP项目,促进基础设施和公用事业建设。与此同时,中国政府正在积极推进"一带一路"倡议,而"一带一路"沿线国家大都面临基础设施相对落后、政府投资能力相对不足的现状,通过应用PPP模式,可以促进各国基础设施的互联互通,实现共同繁荣,推动构建人类命运共同体,所以PPP模式在"一带一路"建设中具有独特的引擎作用。

中国PPP模式应用短期内过于发力,因而出现了诸多问题。他山之石,可以攻玉。中国PPP发展既要立足国情,又要开放借鉴,更何况PPP原本就是"舶来品"。诸如:PPP发展的国际概况如何?具有代表性的国家的发展历程和经验是否可供借鉴?如何实现全球PPP事业的长久且良好发展?等等。为解决这一系列现实问题,弥补国内外研究的空白,清华大学PPP研究中心组织国内外专家,历时一年之久,编辑出版了这套"国际PPP系列丛书"。首次挑选加拿大、澳大利亚、日本、新加坡四个国家,通过梳理各国PPP的发展概况、法律制度和操作过程等,介绍四国PPP的具体实践和发展特点,旨在从国际视野进一步深化对PPP的认识，为国内外PPP的政策制定方、相关机构和从业方、理论研究方提供全面的资讯参照，为推动全球PPP事业健康、可持续发展提供智力支持。

系列丛书将各国PPP的发展模式作为重要的研究主线。各国在大力推动私人资本参与基础设施投资建设的同时，积极探索符合本国发展路径的多种PPP模式。在追求公共价值不断提升的目标下，不同国家、不同行业、不同领域有不同的PPP模式偏好。经过多年的实践，加拿大、澳大利亚、日本、新加坡四国在公私合作的诸多方面日渐成熟，已经形成了有效的合作模式，并根据公共产品的供给特点，不断演进深化。

各国PPP相关法律法规及政策解读，也是系列丛书重要的研究内容。PPP模式应用需要完善的法规保障和操作规范，加拿大、澳大利亚、日本、新加坡四国都有专门的制度性安排，并通过不同的形式予以具体规定。各国在制定PPP法及配套法规的基础上，也出台了与PPP相关的法律解释、相关政策以及项目的操作指引等，极具示范性和借鉴价值。

各国丰富且有代表性的案例详解，更是本丛书的一大特色和亮点。在加拿大、澳大利亚、日本、新加坡各国不同行业的基础设施项目中，积累了大量鲜活的案例。其中既有成功的例子，也有失败的例子，通过对具体案例的深入解读，总结各国的发展经验和教训，无疑具有极高的借鉴意义。

系统研究和介绍国际PPP的政策法律与实践经验，中西交流、鉴往知来，对于深化基础设施投资领域的国际合作，推动全球PPP事业健康与可持续发展，具有重大而深远的现实意义。本丛书的出版，希望能够抛砖引玉，引发国人对全球PPP事业发展的关注，激发更多从业者的历史使命和国际责任，为国际社会更高水准的PPP模式研究与应用贡献中国智慧！

清华大学PPP研究中心也将以丛书形式陆续介绍其他国家PPP概况，敬请关注。

王天义　杨　斌

2018年3月

前言

日本PPP(Public-Private Partnership,PPP)模式的推广始于20世纪90年代末,至今已形成了较为完善的制度规范,积累了大量的经验。在政府和社会各界的共同努力下,日本PPP发展十分迅速,从先前的PFI(Private Finance Initiative)发展到如今模式更为广泛的PPP,项目数量和投资规模稳步增长,并广泛应用于文化教育、健康与环境、城市建设、政府公务、生活与福利等诸多领域。日本PPP的发展过程中形成了很好的顶层设计,包括完整的PPP法律、政策和管理体系等。PPP模式的引入,有效推动了日本基础设施建设和公共服务水平的提升,并取得了良好的经济和社会效益。本书共包括5章内容:

第1章主要介绍日本PPP发展概况,重点梳理日本PPP兴起的背景、概念、主要模式、项目流程,从数量、行业、地域、管理层级、操作模式等多角度展示日本PPP发展现状,揭示发展中遇到的挑战,探讨日本PPP的发展前景。

第2章详细分析日本PPP融资概况,从坚实的融资基础、标准化的融资流程和多元化的融资市场等角度,对日本PPP的融资模式进行多角度探析。

第3章全面介绍日本PPP政策法规的发展历史和管理体系,重点解读日本2016版《PFI推进法》。

第4章梳理日本PPP相关的实施指南,包括《PFI项目实施程序指南》《风险分担指南》《物有所值指南》《合同指南》《监督指南》和《特许经营指南》等,全方位介绍日本全流程、标准化的PPP制度管理体系。

第5章全面介绍9个日本PPP项目精选案例,涉及社会、经济和政府三个领域。每个案例包括项目概述、项目特点、项目进展和项目成效等内容。

目　录

第 1 章　日本 PPP/PFI 发展概况 ……………………………………………… 1

1.1　日本 PPP/PFI 兴起的背景 ……………………………………………… 2

1.1.1　财政困境 ……………………………………………………………… 2

1.1.2　社会问题 ……………………………………………………………… 5

1.2　日本 PPP/PFI 的概念 ……………………………………………………… 7

1.3　日本 PPP/PFI 的主要模式 ……………………………………………… 10

1.3.1　根据付费方式分类 …………………………………………………… 10

1.3.2　根据操作要素分类 …………………………………………………… 11

1.4　日本 PPP/PFI 项目流程 ………………………………………………… 15

1.4.1　日本 PPP/PFI 项目主体 …………………………………………… 15

1.4.2　日本 PPP/PFI 项目管理机制 ……………………………………… 17

1.4.3　日本 PPP/PFI 项目实施决策流程 ………………………………… 17

1.5　日本 PPP/PFI 发展现状 ………………………………………………… 20

1.5.1　日本 PPP/PFI 项目的数量与价值 ………………………………… 20

1.5.2　日本 PPP/PFI 项目的行业分布 …………………………………… 20

1.5.3　日本 PPP/PFI 项目的地域分布 …………………………………… 22

1.5.4　日本 PPP/PFI 项目的政府管理层级 ……………………………… 31

1.5.5　日本 PPP/PFI 项目操作模式分析 ………………………………… 34

1.5.6　日本 PPP/PFI 项目的中断情况 …………………………………… 36

1.5.7　日本 PPP/PFI 项目的特点和影响 ………………………………… 38

1.6　日本 PPP/PFI 发展中遇到的挑战和发展前景 ………………………… 39

1.6.1　日本 PPP/PFI 发展遇到的挑战 …………………………………… 39

1.6.2　日本 PPP/PFI 发展方向 …………………………………………… 40

第 2 章 日本 PPP/PFI 项目的融资 …… 43

2.1 PPP/PFI 项目融资基础 …… 43

2.1.1 法律基础 …… 43

2.1.2 政策支持 …… 45

2.2 PPP/PFI 项目融资流程 …… 48

2.2.1 融资结构 …… 48

2.2.2 融资流程 …… 49

2.3 PPP/PFI 项目融资市场 …… 50

2.3.1 日本政策投资银行 …… 51

2.3.2 区域综合整治基金 …… 53

2.3.3 城市发展促进组织(MINTO) …… 58

2.3.4 产业投资基金 …… 61

2.3.5 养老基金及其他 …… 63

第 3 章 日本 PPP/PFI 政策解读 …… 65

3.1 PPP/PFI 政策法规发展历史 …… 65

3.1.1 日本 PPP/PFI 立法历程 …… 65

3.1.2 日本 PPP/PFI 立法特点 …… 67

3.2 日本 PPP/PFI 管理体系 …… 68

3.2.1 日本 PPP/PFI 管理机构框架 …… 68

3.2.2 日本 PPP/PFI 主要推进机构 …… 70

3.3 2016 版《PFI 推进法》 …… 77

3.3.1 《PFI 推进法》总则 …… 78

3.3.2 《PFI 推进法》基本方针 …… 79

3.3.3 《PFI 推进法》关于 PPP/PFI 项目实施细则的规定…… 80

3.3.4 《PFI 推进法》关于公共设施运营权的规定 …… 82

3.3.5 《PFI 推进法》关于民间资金参与 PPP/PFI 项目的优惠措施 …… 83

3.3.6 《PFI 推进法》对于选定项目的特别政策 …… 86
3.4 其他适用 PPP/PFI 的管理制度 …… 87

第 4 章 日本 PPP/PFI 项目主要实施指南解读 …… 88

4.1 《PFI 项目实施程序指南》 …… 89
4.2 《PFI 项目风险分担指南》 …… 90
4.2.1 风险分担的基本注意事项 …… 90
4.2.2 PPP/PFI 项目主要风险及注意事项 …… 92
4.2.3 其他注意事项 …… 100
4.3 《物有所值(Value for Money,VFM)指南》 …… 102
4.4 《PFI 项目合同指南》 …… 106
4.4.1 《合同指南》的主要内容 …… 106
4.4.2 PPP/PFI 项目合同关系 …… 107
4.5 《监督指南》 …… 110
4.5.1 监督的基本思想 …… 110
4.5.2 监督的实施方法 …… 112
4.5.3 针对无法提供适当公共服务的应对策略 …… 114
4.6 《特许经营指南》 …… 118

第 5 章 日本 PPP/PFI 典型案例精选 …… 120

5.1 社会类(教育、福祉、文化)PPP/PFI 项目案例 …… 120
5.1.1 北九州市立思永中学校舍整改项目 …… 120
5.1.2 市川市教育、文化、福祉综合设施建设项目 …… 123
5.1.3 长井海之手公园修建项目 …… 125
5.2 经济类(公共住宅、市政、交通)PPP/PFI 项目案例 …… 128
5.2.1 广岛县上安公共住宅重建项目 …… 128
5.2.2 指宿地区公路服务设施建设项目 …… 130
5.2.3 福冈市临海工厂废热利用项目(失败案例) …… 132
5.2.4 橿原市近铁八木站前南地下停车场项目(失败案例) …… 135

5.3 政府类(公安、行政)PPP/PFI项目案例 …… 137
5.3.1 东京都警视厅原宿警察署重建项目 …… 137
5.3.2 东京都九段第三政府大楼、千代田区办公大楼整改项目 …… 140

参考文献 …… 143

第1章

日本PPP/PFI发展概况

PPP(Public-Private Partnership),即公共部门和私营部门的合作,是一种提供公共物品或服务的模式。目前,PPP模式的呈现形式多种多样,其中,PFI(Private Finance Initiative)是重要的模式之一,通常被称为“私人融资计划”和“私人主动融资”等,该模式强调利用民间资金进行基础设施和公用事业项目的建设和运营。PFI模式最早诞生于英国,并于20世纪末引入日本。由于PFI在日本的制度建设和实践运用方面取得了较快发展,并形成较为成熟的框架体系,因此不论是官方还是学者,在谈到日本PPP时都经常以“PPP/ PFI”的形式将两者相提并论,甚至有时以PFI代指日本PPP。可以说,PFI是日本以制度形式固定下来的PPP模式。因此,本书将日本的PPP模式表述为PPP/PFI。

日本引入PPP/PFI的标志性事件是1999年7月日本内阁府颁布的《关于充分利用民间资金促进公共设施等建设的法令》(英文名为*Act on Private Finance Initiative*,以下将这一法案简称为《PFI推进法》)①,以应对经济泡沫破裂后财政的巨大赤字,刺激持续低迷的日本经济。在各界共同努力下,日本PPP/PFI经过近20年的发展实践,项目数量和投资规模不断增长,项目领域已覆盖文化教育、健康与环境、城市建设、政府公务、生活与福利等诸多方面,形成了符合日本国情的运行模式②,PPP/PFI的发展促进了日本基础设施和公共服务水平的提升,并取得了良好的经济效益和社会效益。本章主要介绍日本

① 民間資金等の活用による公共施設等の整備等の促進に関する法律,一九九九年七月三十日法律第一百一十七号,最新修订版本为二零一六年五月二十七日法律第五十一号。

② 胡振.公私合作项目范式选择研究——以日本案例为研究对象[J].公共管理学报,2010,7(3):113-121.

PPP/PFI 发展的背景、定义、主要模式、项目流程、发展现状以及面临的机遇和挑战。

1.1 日本 PPP/PFI 兴起的背景

日本引入 PPP/PFI 模式与当时的经济社会环境有巨大关联，在 20 世纪 90 年代日本政府面临经济低迷、财政状况恶化、人口减少、老龄化加剧、公共设施老化、设施更新费用增加等问题，客观社会环境导致日本政府不得不寻求新的公共产品和服务供给方式。[①]

1.1.1 财政困境

20 世纪 80 年代末 90 年代初，日本“泡沫经济”破灭。从 90 年代初到 21 世纪初，日本经济陷入“10 年萧条”[②]。10 年间，GDP 增速多个年份增幅低于 1.6%，个别年份甚至出现了负增长。失业率不断攀升，1990 年日本失业率为 2.1%，而 10 年后的 2001 年，失业率已攀升至 5.3%，达到日本自第二次世界大战结束后的最高失业率。[③] 此外，由于市场上流通货币减少，物价水平从 1995 年以后连续下跌，消费物价指数呈明显下降趋势，使得生产随之被抑制，形成负面循环。资本市场也相当疲软，资本价值明显缩水，土地价格持续下跌，股市行情不容乐观，日本经济处于持续低迷的状态。作为政府主导型的市场经济国家[④]，20 世纪 90 年代以前的日本，公共产品和服务主要由政府提供，政府为公共物品的提供承担出资、建设、运营等职能。

为刺激经济发展，日本政府在 20 世纪 90 年代开始加大公共投资的力度，试图通过扩大公共支出和国债发行规模等扩张性的财政政策刺激经济复苏，但是这样不仅没有起到拉动经济的效果，反而加重了政府的财政负担。

一方面，在重复建设和资源浪费的情况下，公共投资对经济的刺激和拉动作用不明显。主要原因有以下几个方面：①日本此前几十年的公共投资经验，

---

① 国立国会図書館. 公共施設の整備・運営における民間活用— PPP/PFI 推進の方向性と課題. 調査と情報，[2017-03-24]，NUMBER 952.

② 夏子敬. 日本财政支出及其对经济增长的影响分析(1969—2011)[D]. 长春：吉林大学，2014.

③ 邵学峰. 日本“泡沫经济”破灭后的税收政策评析[J]. 现代日本经济，2007(1).

④ 夏帅帅. 日本政府主导型市场经济分析[D]. 长春：吉林大学，2014.

使得作为投资主体的政府部门形成了相对固定的投资惯性和投资偏好，当时主要的投资领域仍然集中在能源、港口和交通等基础性公共设施，没有根据国民经济的变化和增长规律进行调整。②当时的公共投资体系没有遵循按需投资的原则，缺乏成本效益分析和具有时效性的评价制度。[①] ③20 世纪 90 年代以前日本已经进行过多轮大规模的基础设施建设，在能源、交通等传统公共投资领域，基础设施已经相对完善，市场趋于饱和。由此导致"泡沫经济"破灭后的公共投资，存在明显的重复建设及公共资源的浪费。[②]

另一方面，僵化的公共投资结构不利于产业升级和结构优化。经济低迷期的社会经济状况与"二战"后的经济恢复时期及高速增长时期相比差别巨大，需要进行产业升级和结构优化，这种僵化的公共投资结构反而拖累了日本经济结构的优化和升级。具体原因有：①由于日本公共投资偏重于产业性和生产性投资，对社会保障的支出相对较弱，没有提升居民的消费信心，加之经济整体环境的相对不景气，居民消费不振，对未来的消费信心不足。所以即使财政支出规模较大，但是国民实际收入出现零增长甚至负增长，民间消费需求并没有随之增加。②在民间有效需求增长不足的情况下，日本财政投入的增加没有实现与经济增长的良性互动，没有促进日本经济结构的优化和升级。[③]

另外，政府赤字和债务严重。由于经济低迷，税基受到影响，政策税收减少；为了刺激经济，加上日本政府长期采取扩张性的财政政策，更加恶化了政府的赤字和债务问题。如图 1-1 所示，由于经济低迷，产业不振，税收无法得到有效保证，1990—2000 年的 10 年间，日本总税收不增反降。总税收从 1990 年的 60.1 万亿日元到 2000 年时仅为 50.7 万亿日元。同时，在扩张性财政政策下，财政赤字居高不下，如表 1-1 所示[④]，1990 年日本国债年增加额仅为 12.7 万亿日元，到 2000 年，这一数字已攀升到 46.2 万亿日元；1999 年，日本政府债务达到 GDP 的 120%，国债依存度达到 42.1%。[⑤] 日本中央财政收入中，国债甚至成为主要收入来源。[⑥] 日本财政高度依赖债务，长期国债占 GDP 的比重在发达

① 庞德良. 论日本公共投资困境与经济衰退长期化[J]. 财贸经济，2002（2）.

② 刘健. 日本公共投资的经济效应分析[D]. 长春：吉林大学，2014.

③ 邢振森. 1990 年以来日本财政政策的非凯恩斯效应研究[D]. 沈阳：辽宁大学，2016.

④ 邵学峰. 日本"泡沫经济"破灭后的税收政策评析[J]. 现代日本经济，2007(1).

⑤ 郑明慧，吴宇. 20 世纪末中日积极财政政策比较[J]. 经济论坛，2004(9)：82-85.

⑥ 夏子敬. 日本财政支出及其对经济增长的影响分析(1969—2011)[D]. 长春：吉林大学，2014.

国家中居于前列，一度成为发达国家中债务负担最重的国家。[①]

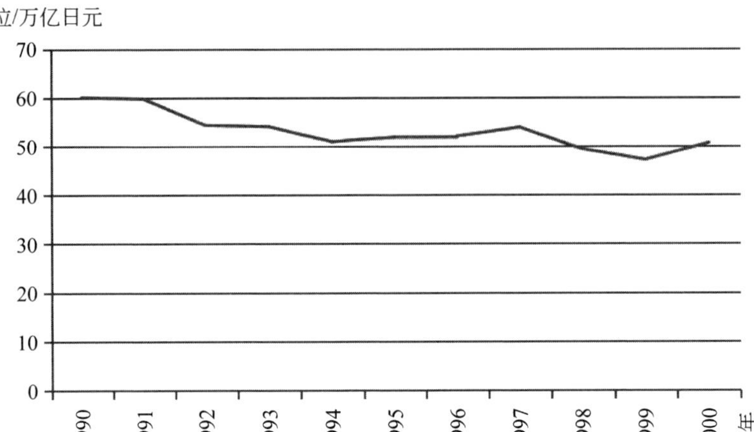

图 1-1　1990—2000 年日本总税收趋势

数据来源：Statistics Bureau. Japan Statistical Yearbook.

表 1-1　日本 1980—2000 年总税收收入及国债年增加额

年　　份	总税收/万亿日元	国债年增加额/万亿日元
1980	26.9	17.5
1981	29.0	11.8
1982	30.5	14.5
1983	32.3	15.9
1984	34.9	12.8
1985	38.2	13.4
1986	41.9	21.1
1987	46.7	13.9
1988	50.8	7.5
1989	54.9	1.8
1990	60.1	12.7
1991	59.8	14.4

① 熊鹭. 日本政府债务问题剖析[J]. 金融发展评论，2011(4)：83-87.

续表

年　份	总税收/万亿日元	国债年增加额/万亿日元
1992	54.4	14.8
1993	54.1	28.5
1994	51.0	23.8
1995	51.9	34.6
1996	52.1	28.8
1997	53.9	32.9
1998	49.4	49.4
1999	47.2	51.8
2000	50.7	46.2

数据来源：Statistics Bureau. Japan Statistical Yearbook.

1.1.2　社会问题

从社会层面上说，人口老龄化和公共服务设施老旧化成为日本推行 PPP/PFI 的社会背景。

日本是全球人口老龄化程度最快、老龄率最高的国家。早在 1970 年，日本 65 岁以上人口占总人口的比率就超过 7%，步入老龄化社会。① 数据显示，1990 年日本 65 岁以上人口占总人口的 12.1%；1995 年比例为 14.6%；2000 年占比达到 17.4%②；而在 2002 年，日本 65 岁以上的老年人已达 2 362 万人，占总人口的 18.5%，超过意大利（18.2%），成为全球老龄率最高的国家。日本人口老龄化具有人口出生率低、老龄化速度快、80 岁以上超高龄人口多等特点。③ 这些特点对社会经济产生了深远影响。

（1）人口老龄化影响经济发展。社会生产和再生产是生产资料和劳动力以一定形式的结合，人口老龄化影响整个生产过程，生产、消费等各个环节都受到影响。④ 从生产上说，人口老龄化对劳动力市场产生了严重影响。一方面使得

① 根据联合国教科文组织的标准，一个国家或地区 60 周岁以上人口占总人口的 10%或以上，或 65 周岁以上人口占总人口的 7%或以上，就表示该国家或地区进入老龄化社会。

② 数据来源：Statistics Bureau. Japan Statistical Yearbook.

③ 刘国华. 人口老龄化对日本经济的影响分析[D]. 长春：吉林大学，2006.

④ 孟双见，吴海涛. 日本人口老龄化对日本社会经济的影响[J]. 日本问题研究，2005(4)：26-29.

适龄劳动人口减少，影响劳动力供给；另一方面，即使老年人继续工作，也会使得劳动力队伍结构老化直接影响劳动力质量。此外，对于生产单位来说，劳动力供不应求会增加生产单位的雇佣成本，影响生产利润，甚至还可能引发企业开工不足。从消费角度，老龄化社会的高养老投入预期会增强人们的储蓄动机，影响消费的绝对数量和消费结构。

（2）人口老龄化加重财政负担。如表 1-2 所示，20 世纪 80 年代以来，异常迅速的人口老龄化进程使得日本老龄化负担加重。[①] 从支出上看，1985—2005 年的人均养老支出及养老支出占 GDP 的比重不断攀升。从财政负担上来说，政府用于老年人的社会保障开支和福利义务性开支随着老龄化的加剧不断增加。第一，从社会保障开支上说，日本现行社保制度要求国库承担基础养老金国民年金的三分之一，由于国民平均寿命的延长，可领取保险人数越来越多，时间越来越长，进而拉高了养老金负担率，增加了中央财政的负担。第二，由于老年人的身体免疫力减弱，各项身体机能退化，其医疗费用和护理费用的开支也相对较大。在日本，医疗保险体系分为“行业保险”和“地域保险”，其中覆盖人数最多的是“地域保险”，是一项由地方政府管理的国民性保险。90 年代后，地域保险的年度经常性收支不平衡，连年赤字。1997 年赤字额达到 292 亿日元，2001 年赤字高达 1 029 亿日元。[②] 第三，老年人对基础设施和公共服务具有特殊要求，增加了政府的财政压力。从公共服务的提供上说，老龄人口具有家庭护理、医疗设施、服务设施、居家养老、临终关怀等特殊需求，随着人口老龄化程度的加深，这些公共服务需求不断攀升，也在一定程度上加大了政府的压力。

表 1-2　1985—2005 年的人均养老支出及养老支出占 GDP 的比重

年　　份	人均养老支出/万日元	养老支出占 GDP 比重/%
1985	15.6	5.9
1990	22.6	6.4
1995	32.4	8.5
2000	41.8	10.5
2005	48	12.2

① 张士斌，杨黎源，张天龙．债务危机背景下的老龄化成本与公共财政困境——基于日本和欧美国家比较的视角[J]．现代日本经济，2012(5)：55-64.

② 王伟．人口老龄化对日本经济的影响及日本政府的对策研究[D]．大连：东北财经大学，2007.

除了人口的老龄化，公共设施老旧化也是日本推行 PPP/PFI 的重要社会背景。首先，原有的公共服务设施有所老化，维修改造需求攀升。日本有很大比例关乎公共福祉的基础公共设施（医院、学校、养老院等）建于前文提到的“二战”后日本经济高速增长时期，这些公共设施运行几十年后开始陈旧和老化，维修需求攀升。其次，原有的公共设施无法适应新的社会需求，如社会老龄化带来的养老服务需求等，政府需要根据新的社会需求调整公共服务供给。

由上述介绍可知，日本在 90 年代发生了一系列变化：①此前政府大包大揽的公共物品提供方式造成了严重的财政负担，十分有必要探索新的融资路径，改变依赖一般财源及公债的体制。日本政府决定通过引入私营部门的资金缓解其财政压力。②公共设施老化和低效，迫使政府将私营部门纳入公共服务供给体系，全面提高公共设施及公共服务的品质。③公共服务属于第三产业，通过提高该服务供给的市场化程度能够刺激经济发展。传统模式中，医疗、看护、教育这些属于公共服务的第三产业都是由日本政府提供。这意味着，日本第三产业中有四分之一的领域，是公共部门在发挥作用。对私营部门开放这些领域，不仅能扩大私营部门的商机，也能创造新的就业机会。[①]

因此，日本在推进 PPP/PFI 时将目的定位为三方面：解决财政困境、提高公共服务质量以及活跃经济发展。PPP/PFI 的引入和推进对日本公共服务意义重大。一方面，PPP/PFI 改变了日本二战以来主要由政府包揽公共设施和服务的状况，打开了日本政府和私营部门合作的闸口。私营部门参与公共服务供给逐步形成共识，2006 年颁布的《公共服务改革法》更以法律形式确立了私营部门参与供给的重要地位，允许“采用市场化的公开竞争招标方式提供公共服务，充分运用私营部门独具匠心的创造力，为民众提供低成本高质量的公共服务”。另一方面，PPP/PFI 的先行实践也提升了日本公共服务领域的市场化水平，促进了日本政府和私营部门合作方式的拓展。

1.2 日本 PPP/PFI 的概念

《PFI 推进法》被视为日本 PPP/PFI 的“基本法”。该法将 PPP/PFI 模式定义如下：在公共设施的改进等方面高效且优质地引入私营部门，利用其资金、管

---

① 美原融. 借鉴日本 PPP/PFI 的成功和失败经验[J]. 比较，2016(3).

理和技术，确保向国民提供低成本且优质的服务，促进国民经济健康发展。①

PFI 推进委员会②为设置在内阁府的日本官方 PPP/PFI 机构，将 PPP/PFI 解释为："PPP/PFI 是私营部门融资计划的缩写，是提供公共物品和服务的方法之一。PPP/PFI 是指允许私营部门参与公共产品或服务的设计、建设、维护、更新、运营、管理等领域，充分利用私营部门的资金、管理能力、技术优势，降低政府运营成本，提供更优质的产品和服务。"③

在国际上，诸多国际组织和政府在不同文件对 PPP 模式进行了定义，如表 1-3 所示。

表 1-3 重要国际组织和国家对 PPP 的定义

国际组织/国家	定义	来源
世界银行	PPP 是由私营部门同政府部门之间建立长期合同，提供公共产品和服务，由私营部门承担主要风险并负责管理，私营部门根据绩效情况获取酬劳	《PPP 指南第 2 版》（*PPP Reference Guide Version 2.0*）
经合组织	PPP 是政府与私营部门之间的长期协议，私营部门方面使用资本资产交付或资助公共服务，分担相关风险。PPP 可以提供关于基础设施资产（例如桥梁、道路）和社会资产（例如医院、公用事业、监狱）的公共服务	经合组织《关于公司合作公共治理的原则》（OECD *Principles for Public Governance of Public-Private Partnerships*），2012 年 5 月
国际货币基金组织	PPP 是指私营部门提供传统上应由政府提供基础设施资产和服务的模式	政府和私营部门合作文件（Public Private Partnerships），2004 年 3 月 12 日
英国	PPP 是公共和私营部门共同参与的工作。从广义上讲，PPP 涵盖了在政策、服务和基础设施供给方面所有类型的公私合作	英国财政部
欧盟	PPP 是指公共部门和私人机构为提供公共项目或服务而建立的公私合作关系	欧盟委员会

① PFI 関係法令. [2017-03-05]. http://www8.cao.go.jp/pfi/hourei/kankei_hourei/pdf/110730pfi_hou.pdf.

② PFI 推進委員会の概要. [2017-03-05]. http://www8.cao.go.jp/pfi/iinkai/gaiyou/gaiyou.html.

③ PPP/PFIとは何ですか? [2017-03-05]. http://www8.cao.go.jp/pfi/pfi_jouhou/tebiki/kiso/kiso01_01.html.

续表

国际组织/国家	定 义	来 源
加拿大	PPP 模式是公共和私营部门的一种风险合作,根据合作者的专长,通过资源、风险和收益的适当分配来最好地满足公共需求	加拿大 PPP 委员会
中国	(1) PPP 模式即政府与社会资本合作模式,是指政府与社会资本为提供公共产品或服务而建立的“全过程”合作关系,以授予特许经营权为基础,以利益共享和风险共担为特征,通过引入市场竞争和激励约束机制,发挥双方优势,提高公共产品或服务的质量和供给效率 (2) PPP 模式是公共服务供给机制的重大创新,即政府采取竞争性方式择优选择具有投资、运营管理能力的私营部门,双方按照平等协商原则订立合同,明确责权利关系,由社会资本提供公共服务,政府依据公共服务绩效评价结果向私营部门支付相应对价,保证私营部门获得合理收益	《关于 2013 年中央和地方预算执行情况与 2014 年中央和地方预算草案的报告》,全国人大十二届二次会议审议通过 国务院办公厅转发财政部、发改委、人民银行《关于在公共服务领域推广政府和私营部门合作模式的指导意见》(国办发〔2015〕42 号),2015 年 5 月

对比日本和其他国家关于 PPP 的定义可以发现,日本 PPP 以 PFI 为主要的实践形式。日本 PPP/PFI 以“最小的成本获得最大的效果”为原则,允许政府部门充分利用私营部门在资金、管理和技术等方面的优势,将公共设施的设计、建设、维护以及管理运营等业务交由“特定目的公司”(Special Purpose Company)。PPP/PFI 项目可以采用服务购买型、独立核算型或者混合型等不同付费模式,以及 BTO(Build-Transfer-Operate)、BOT(Build-Operate-Transfer)、BOO(Build-Operate-Own)、RO(Rehabilitate-Operate)等不同所有权形式实施项目。而政府作为 PPP/PFI 项目的主体必须事先制定 PPP/PFI 项目的服务内容和质量要求,并实施监管。

在十多年的发展过程中,日本的 PPP/PFI 已经结合本国国情进行了相应的调整,丰富了内涵。日本官方在解释“PPP/PFI”时指出,日本公私合作的实践更偏重于强调私营部门资金和技术的介入,政府的目的在于降低成本、获取有效的服务,更加重视设施所有权,从而奠定了日本 PPP/PFI 在实践中的基调。

1.3 日本 PPP/PFI 的主要模式

目前,PPP 模式在许多国家得到了应用,但各国所应用的领域与模式不尽相同。虽然很多国家的 PPP 已经进入制度化、规范化的阶段,并以法律形式对 PPP 进行了界定,但是不同国家、不同领域、不同项目会有模式选择的偏好。根据项目"付费方式"和"操作要素"的不同,日本 PPP/PFI 的操作模式可进行如下分类。

1.3.1 根据付费方式分类

根据公共部门和使用者承担费用程度的不同,日本 PPP/PFI 项目的付费方式分为服务购买型、独立核算型和混合型。[①]

服务购买型付费方式即公共部门付费,如图 1-2 所示,指私营部门的收入来自公共部门直接购买支付,私营部门利用这一资金进行公共设施的设计、建设、运营等,向使用者提供服务,而无须向使用者收费。服务购买型是日本大部分 PPP/PFI 项目的付费方式[②],由于私营部门的收入不来自使用者,经营压力相对较小,能使其根据与公共部门的契约提供服务,在一定程度上保证了服务质量。[③]

图 1-2 服务购买型项目

独立核算型付费方式,即使用者付费,如图 1-3 所示,是指公共设施和服务的使用者向私营部门经营者支付资金,如机场航站楼、停车场的建设和运营等

① 全国地域 PFI 协会. PFI 事業の類型について. [2017-03-10]. http://pfi-as.jp/pfi/pfi/post_8.html.

② 事業類型. [2017-03-10]. http://www8.cao.go.jp/pfi/pfi_jouhou/tebiki/kiso/kiso11_01.html.

③ 公共施設の整備・運営における民間活用. [2017-03-10]. http://dl.ndl.go.jp/view/download/digidepo_10316926_po_0952.pdf? contentNo=1.

采用向使用者收费的形式获得资金。①

图 1-3　独立核算型项目

混合型付费方式下,PPP/PFI 项目的资金既来自公共设施的管理者,也来自公共设施和服务的使用者,如图 1-4 所示。② 如体育场馆项目中,政府向项目公司支付建筑设计和建设费用,居民向项目公司支付使用体育器材和场地的费用。

图 1-4　混合型项目

1.3.2　根据操作要素分类

PPP/PFI 模式操作要素包括 B(Build,建造)、O(Operate,运营)、O(Own,拥有)、T(Transfer,移交)、R(Rehabilitate,修缮)等。不同的操作要素形成不同操作方式,日本政府 PPP/PFI 项目的主要操作方式有 BTO、BOT、BOO 及 RO③ 等。

1. BTO(Build-Transfer-Operate)

BTO 即建设—移交—运营,是指私营部门建设设施,建设完成后设施所有权即属于公共部门,公共部门拥有项目设施所有权,私营部门维护、管理、运营

---

① 国立国会図書館. 公共施設の整備・運営における民間活用— PPP/PFI 推進の方向性と課題. 調査と情報.[2017-03-24]. NUMBER 952.

② PFIの事業方式と事業類型.[2017-03-10]. http://www8. cao. go. jp/pfi/pfi_jouhou/tebiki/kiso/kiso11_01. html.

③ PFIの事業方式にはどのようなものがありますか?[2017-03-10]. http://www8. cao. go. jp/pfi/pfi_jouhou/tebiki/kiso/kiso11_01. html.

设施。[①]

BTO是日本PPP/PFI项目最主要的方式，具有非常明显的公共部门主导性，确保了公共部门在PPP/PFI项目运作期内对公共设施的控制，具体表现为公共部门对项目设施和土地等拥有所有权。[②] 例如“北九州市立思永中学校舍整改项目”中，市政府引进私营部门拆除校舍、运动场、游泳池等部分学校设施并进行重建，私营部门不具有校舍和学校设施的所有权，负责设施的维护、管理、运营。[③]

2. BOT（Build-Operate-Transfer）

BOT即建设—运营—移交。在BOT模式下，私营部门负责公共设施的建设、维护、管理、运营，在项目特许经营期内，私营部门拥有项目设施所有权。特许经营期结束后，私营部门根据协议要求，将设施所有权移交给公共部门，公共部门拥有设施所有权。[④]

有一定数量的日本PPP/PFI项目选择了BOT方式。如作为国立大学法人的神户大学以BOT方式运作了“神户大学医学部附属医院多层停车场设施建设”项目。[⑤] 该项目中，私营部门负责停车场设施的设计、建设、管理和运营，并拥有设施的所有权直至项目期结束。特许运营时间结束后，设施所有权交还给神户大学。关于特许经营期结束后的项目处置问题，在特许经营期结束3年前，私营部门与神户大学开始协商。如果确认运营期间结束后设施仍然良好，且私营部门能够继续维护、管理和运营设施，可另行签订新的关于维护、管理及运营的委托协议。[⑥]

---

① PFIの事業方式と事業類型.［2017-03-10］. http：//www8. cao. go. jp/pfi/pfi_jouhou/tebiki/yougosyuu/yougo_11. html＃az03.

② 裴俊巍，包倩宇. 日本如何推进PPP［J］. 中国政府采购，2015(7)：53-56.

③ 日本内阁PFI推进室. 北九州市立思永中学校整備PFI事業［EB/OL］.［2017-03-05］. http：//www8. cao. go. jp/pfi/pfi_jouhou/jigyou/shousai/pdf/fukuoka/180720tokutei. pdf.

④ PFIの事業方式と事業類型.［2017-03-10］. http：//www8. cao. go. jp/pfi/pfi_jouhou/tebiki/yougosyuu/yougo_11. html＃az03.

⑤ 神戸大学医学部附属病院立体駐車場施設整備等事業.［2017-03-10］. http：//www8. cao. go. jp/pfi/pfi_jouhou/jigyou/shousai/hyogo. html＃project05.

⑥ 神戸大学長野上智行，特定事業の選定について.［2017-03-10］. http：//www8. cao. go. jp/pfi/pfi_jouhou/jigyou/shousai/pdf/hyogo/084_13016_150415_2_01. pdf.

3. BOO(Build-Own-Operate)

BOO即建设—拥有—运营，私营部门负责公共设施的建设、维护、管理、运营，设施建成后所有权属于私营部门。在特许经营期内，私营部门按照契约规定进行设施管理和运营，接受公共部门的监督；特许期结束之后，私营部门将设施拆除或处理。[①]

在日本，只有少量PPP/PFI项目选择了BOO方式。如岩手县的“第二清洁中心的维护和管理业务”项目，私营部门根据岩手县政府的要求完成废物处理设施的设计和建设后，在20年特许运营期内项目公司拥有该设施所有权，按照政府要求对设施进行维护、运营和管理，接受政府监督。运营期结束后的拆除或继续运营事宜，私营部门需要在项目运营期截止3年前与政府协商。经营期结束后2年内，清洁中心的用地需返还岩手县政府。[②]

4. RO(Rehabilitate-Operate)

RO即修缮—运营，主要用于对现有设施的修缮。私营部门根据公共部门要求，对公共设施进行修缮、维护、管理、运营，公共部门始终是设施的拥有者。[③]如京都市作为管理主体的“京都市立小学和初中抗震PPP/PFI项目”，[④]要求项目公司基于京都市四所中小学的现有设施条件，进行抗震加固和后期维护。[⑤]这一方式在日本运用较少，主要用于对老旧建筑的整改和防震加固等项目。

在日本官方对这些操作方式的理解中，除了RO方式外，其他三种方式的根本差别在于所有权的归属不同。BTO方式下，项目设施的所有权由公共部门掌握，而BOT方式在项目特许经营期内，项目设施所有权属于私营部门，直至特许经营期结束所有权才转移给公共部门。在BOO方式下，私营部门拥有项目设施的所有权，有权对设施进行处置(如将设施抵押给银行等)。RO和其

---

① PFIの事業方式と事業類型.[2017-03-10]. http://www8.cao.go.jp/pfi/pfi_jouhou/tebiki/yougosyuu/yougo_11.html#az03.

② PFI特定项目的选择.[2017-03-10]. http://www8.cao.go.jp/pfi/pfi_jouhou/jigyou/shousai/pdf/iwate/170728tokuteijigyou-sentei.pdf.

③ PFI业务系统和业务类型.[2017-03-10]. http://www8.cao.go.jp/pfi/pfi_jouhou/tebiki/kiso/kiso11_01.html.

④ 京都市立小中学校耐震化PFI事業.[2017-03-10]. http://www8.cao.go.jp/pfi/pfi_jouhou/jigyou/shousai/kyoto.html#project13.

⑤ 特定事業の選定について.[2017-03-10]. http://www8.cao.go.jp/pfi/pfi_jouhou/jigyou/shousai/pdf/kyoto/210508kyoutoshi_tokutei.pdf.

他三种方法的主要区别在于，RO 主要用于修复现有设施，另外三种方法针对新的设施。如表 1-4 所示。[①]

表 1-4 日本 BTO、BOT、BOO 所有权差异

类型		各阶段设施所有权	
		特许经营期	特许经营期结束
BTO	建设—移交—运营	公共部门	公共部门
BOT	建设—运营—移交	私营部门	公共部门
BOO	建设—拥有—运营	私营部门	私营部门/拆除设施

资料来源：根据日本全国地域 PFI 协会、PFI 促进协会信息和 PFI 推进办公室信息自制。
PFI 事業の類型について.[2017-03-11]. http://pfi-as.jp/pfi/pfi/post_8.html.
PFIの事業類型.[2017-03-11]. http://www.pfipcj.co.jp/pfi/type.html.

所有权在公共部门和私营部门之间的流转，影响公私双方在项目中的权责变化，具体表现如下：

（1）如果私营部门拥有设施所有权，私营部门就拥有设施的抵押和处置权，能够在公私双方合约允许的范围内处置设施，在需要的情况下以这种方式筹集项目所需资金。但就项目整体而言，私营部门拥有所有权也在一定程度上加大了项目风险。例如，有所有权的私营部门用项目设施进行了抵押贷款，如果项目运营出现问题导致项目公司资不抵债，该项目的设施就面临被资产抵押机构出售的风险，影响项目的最终交付和运行。

（2）如果项目设施所有权属于政府而不是项目公司，项目公司无权处置设施，能够保障资产安全，但项目公司投资热情也会随之受到影响，这类项目要求具有雄厚资金实力的企业操作，流动性方面实力不强的私营部门不具有操作这类项目的实力。

（3）当所有权属于私营部门时，私营部门与项目的黏性更强。一方面，项目公司将更有意愿采用加强和改进项目管理的技术和方法，提高公共服务的质量和规模，这与政府的目标是一致的。另一方面，由于资本的逐利性，项目公司在提供服务时，可能会出现与质量不匹配的提高服务价格现象，或损害质量的降低成本等情况，最终降低公共服务水平。

① 日本内阁 PFI 推进室. PFI 业务系统和业务类型[EB/OL].[2017-03-10]. http://www8.cao.go.jp/pfi/pfi_jouhou/tebiki/kiso/kiso11_01.html.

(4) 当设施所有权被过度赋予私营部门时,政府的监督成本将会增加。政府需要花费更多的人力和精力对私营部门进行严格监督以保障资产安全。①

1.4 日本 PPP/PFI 项目流程

1.4.1 日本 PPP/PFI 项目主体

PPP/PFI 的合作框架通常是由公共部门和私营部门共同支撑,其中可能包括政府方、私营部门方、项目公司、金融机构、咨询公司等,这些合作方的协调配合和通力合作是项目成功的重要前提。与此同时,各项目主体的组织架构和管理模式也是项目顺利推进的关键。日本 PPP/PFI 的主体包括公共部门和私营部门两方面。

1. 公共部门

日本政府从中央到地方分为中央、都道府县②和市町村三级,实行中央领导下的地方自治制度。中央层面为内阁首相领导的内阁府和以各省务大臣为首的总务省、财政部、国土交通部等 1 府 12 省厅。地方层面,日本地方政府采取地方自治制度,统称为地方自治体。日本的一级地方行政机构有 1 都(东京都)、1 道(北海道)、2 府(大阪府、京都府)、43 个县。都、道、府、县下设若干市、町、村,是下一级的行政机构,也具有自治权。

在政策层面,中央政府是政策制定的主体,搭建了日本 PPP/PFI 法规体系的框架,进行了政策立项、方针确定、操作指南的制定;地方遵从地方自治法,因地制宜进行部分税收、融资等方面的政策支持。根据《PFI 推进法》,中央政府在内阁下设 PFI 事业推进委员会。这是日本 PPP/PFI 最重要的推进机构,成立于 1999 年。委员由内阁总理大臣挑选任命,委员会对于 PPP/PFI 政策、法规的出台,有关意见、建议的提出起到了重要作用。委员会肩负调查日本 PPP/PFI 项目实施状况的使命,如听取、分析私营部门方意见;向内阁总理大臣或有

---

① 胡振.公私合作项目范式选择研究——以日本案例为研究对象[J].公共管理学报,2010,7(3):113-121.

② 都、道、府、县是日本的行政划分。根据日本地方自治法,日本的市町村是"基础的地方公共团体"(第 2 条第 4 项),而都、道、府、县是"包括市町村的广域地方公共团体"。

关机构报告推进 PFI 发展情况，提出意见建议；向社会公开关于 PPP/PFI 实施现状、法律、税收等信息；扩大 PPP/PFI 事业的影响力，促进社会对 PPP/PFI 事业的了解等。PFI 事业推进委员会对推动日本 PPP/PFI 的发展起到了重要作用，引导日本 PPP/PFI 事业的发展方向。

PFI 事业推进委员会的常设机构为 PFI 事业推进办公室，承担委员会的日常职能。民间资金等活用事业推进会议是日本 PPP/PFI 的最高议事机构，由内阁总理大臣担任会长，相关部委的国务大臣担任会议代表，如图 1-5 所示。

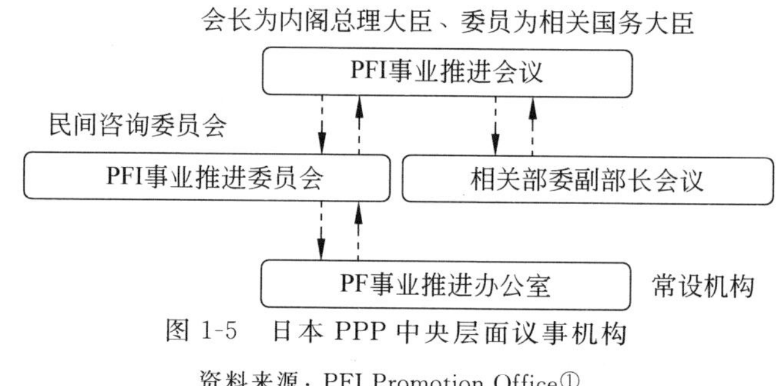

图 1-5　日本 PPP 中央层面议事机构

资料来源：PFI Promotion Office①.

在操作层面，日本 PPP/PFI 的公共主体包括中央部委、地方政府和其他公共法人（如国立大学法人、特殊法人、实施市区再开发事业、土地规划事业等其他市区开发事业的协会组织等）。根据《PFI 推进法》，中央部委开展 PPP/PFI 项目时，公共设施的管理人为各部委长官（包括众议院议长、参议院议长、最高法院长官、会计检查院长及大臣）或掌管特定事业的大臣；地方政府管理 PPP/PFI 的直接责任人为地方公共团体的长官。这些管理主体的职能包括规划项目、安排预算、选择运营方和项目监管等，如图 1-6 所示。

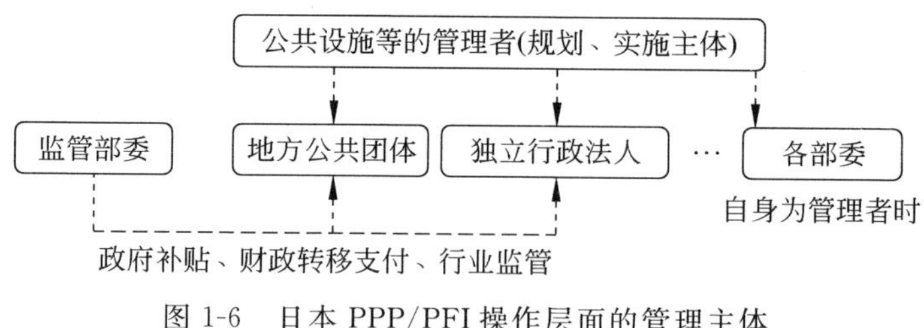

图 1-6　日本 PPP/PFI 操作层面的管理主体

① 内阁民间资金事业推进办公室，即 PFI 事业推进办公室，是日本内阁负责推进 PFI 的办事机构，英文名称为 PFI Promotion Office。

2. 私营部门

在PPP/PFI项目中,私营部门可以是一个独立的公司,也可以是由金融机构、管理公司和建筑公司等多方代表组成的复杂的特殊目的公司(Special Purpose Company, SPC)。[①] 由私营部门根据与公共部门的合约要求提供服务,如公共设施的设计、建设、维护和运营等。

需要注意的是,日本《PFI推进法》对私营部门的资质进行了禁止性规定,要求私营部门必须是法人,且不能处于破产状态。此外,如果私营部门5年内曾经参与或投资PPP/PFI项目并出现投资失败问题,抑或企业董事、监事等高级管理人员中存在破产、犯法、暴力集团成员、未成年人等情况,该企业也不允许成为PPP/PFI项目的私营参与方。

1.4.2　日本PPP/PFI项目管理机制

制定推进PPP/PFI项目发展的制度框架,提供相应支持是国家的职责。日本的做法是将程序和方式进行标准化,将具体实践委托给相关的公共设施管理者,具体项目不需要由国家认证。国家只承担政策、方针的制定和推进,将具体实践交由公共设施管理者执行。在具体项目实施时,无须上级主管部门许可审批。

图1-7为日本PPP/PFI项目的管理机制。国家主要负责政策的立项、方针的确定和操作指南的制定,并不参与具体项目的评估与推进。其主要参与机构包括民间资金活用推进会议(PFI推进会议)、民间资金等活用事业推进委员会(PFI推进委员会,由民间咨询委员会负责)、相关部委副部长会议以及内阁府民间资金事业推进室(PFI推进室,由秘书处负责)。公共设施管理者是PPP/PFI项目的规划和实践主体,对项目进行规划并付诸实践,具体包括安排预算、选择项目和方式等。监管部委、地方政府和独立行政法人等主体共同负责PPP/PFI项目相关的政府补贴、财政转移支付和行业监管等职责。

1.4.3　日本PPP/PFI项目实施决策流程

在日本,公共设施管理者负责PPP/PFI项目的设想、规划、必要的评估、实

---

① SPC(Special Purpose Company). [2017-03-10]. http://www8.cao.go.jp/pfi/pfi_jouhou/tebiki/yougosyuu/yougo_11.html#az13.

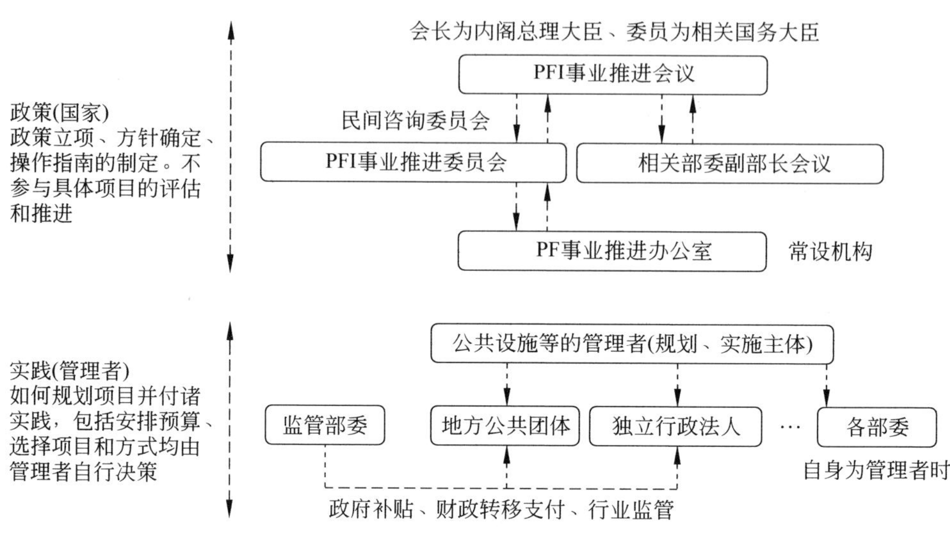

图 1-7　日本 PPP/PFI 项目模式管理机制

施的判断，决策需要通过议会决议。除法律有特殊规定外，管理者无需上报上级政府审批。PPP/PFI 项目实施的决策流程可见图 1-8。

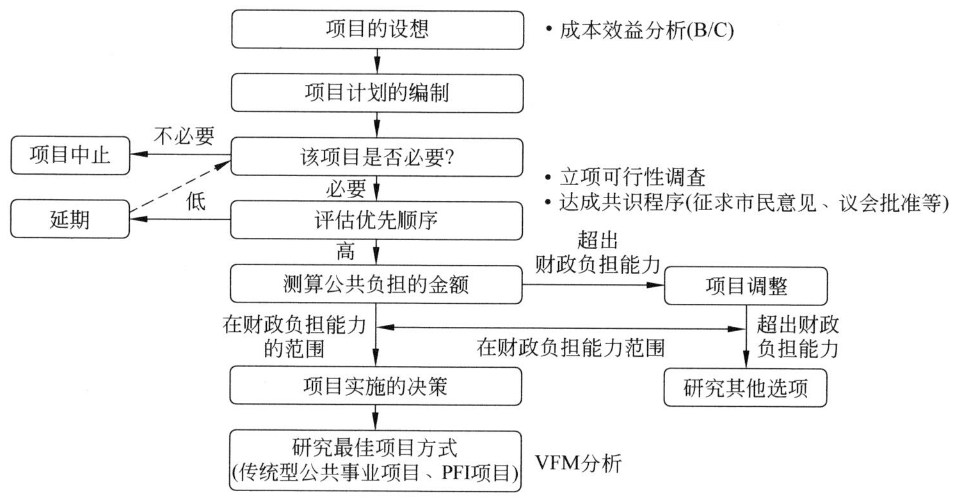

图 1-8　PPP/PFI 项目实施的决策流程

（1）在项目设想阶段，管理者需采用成本收益（Benefit/Cost，B/C）分析方法，通过权衡项目的费用和产出效益，预测项目投产后的经济收益，从实现资源的最优化配置和预定的社会效益、经济效益等方面初步分析项目情况。

(2) 通过了初步可行性研究，该项目可以进入规划编制阶段，涉及项目基本构思、基本计划和调查立项可能性三个环节。这三个环节与公共投资主体建设公共设施时所履行的程序是完全相同的。其中，立项可行性调查需要征求市民意见，当意见较为一致时，项目将得到并获得议会批准。但是如果论证发现项目没有必要性，或存在较大反对意见，项目将被中止。

(3) 由于管理者通常面临同时负责多个项目的情况，所以即使某个PPP/PFI项目通过了议会批准，管理者还需要对该项目进行优先顺序评估。只有评估优先级别高的项目才能顺利进入下一个环节，而评估级别靠后的项目则被迫延期实施。

(4) 管理者还要测算公共部门需承担花费是否在财政承受能力范围以内，如果超出财政承受能力，需要对项目进行调整，直到财政可承受为止，否则只能研究其他选项。

(5) 最后，公共设施管理者将进入决策过程(见图1-9)。这一过程要求管理者进行物有所值评估，比较PPP/PFI模式和传统公共事业供给模式的物有所值状况。对于适合采用PPP/PFI模式的公共设施项目，将项目的设计、建设和管理等环节打包，交由公开招募的私营部门完成。做出PPP/PFI项目实施的决策后，管理者需要依照《PFI推进法》规定的程序，完成确定实施方针、选定具体的私营部门等步骤，然后进入公开招标和确定中标的私营部门和最终签约环节。

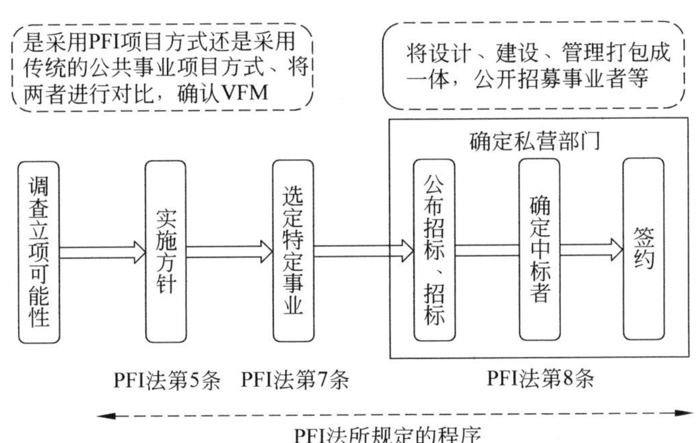

图1-9　PPP/PFI项目的最终决策过程

资料来源：美原融. PPP/PFI在日本的实践与所面临的课题. 第21届中日民商事法研讨会.

1.5 日本 PPP/PFI 发展现状

经过近 20 年的实践，日本各级政府积极运用 PPP/PFI 模式发展公共基础设施项目，推进了基础设施服务质量和水平的提高，对解决日本 20 世纪末因泡沫经济引起的财政问题起到了一定作用。[①] 概而言之，日本 PPP/PFI 项目发展具有以下几个特点：PPP/PFI 项目已经累计了一定数量和金额；PPP/PFI 项目在大都市圈较为集中；地方政府是推动 PPP/PFI 项目的最主要力量，项目的分布与地方政府财政能力密切相关；多数 PPP/PFI 项目采用 BTO 操作方式，付费方式主要是政府付费；项目周期持续 7～30 年不等；签约后失败的项目较少，多数项目得到了成功推进。

1.5.1 日本 PPP/PFI 项目的数量与价值

日本 PPP/PFI 项目数量和价值一直处于稳步增加的状态。截至 2017 年 3 月，日本 PPP/PFI 项目累计数量为 609 个、合同金额达到 54 686 亿日元（约合 3 244 亿元人民币）。从动态变化看，自 1999 年起，日本 PPP/PFI 项目总体项目数量和金额不大，始终处在有序稳步增长的状态，是一个由少到多、由小到大的过程。如图 1-10 所示，1999—2017 年，项目数量从 3 个增长至 609 个，项目合同金额达到 54 686 亿日元，合同金额增速巨大，尤其是近几年，PPP/PFI 项目数量以每年 20～40 个的速度稳步增长。

1.5.2 日本 PPP/PFI 项目的行业分布

日本 PPP/PFI 项目应用的行业领域范围很广，是政府改善基础设施特别是公共服务类基础设施的重要手段。PFI 事业推进办公室将项目领域进行了分类，包括教育与文化、健康与环境、城市建设、政府大楼与宿舍、安保、生活与

① 胡振. 公私合作项目范式选择研究——以日本案例为研究对象[J]. 公共管理学报，2010，7(3)：113-121.

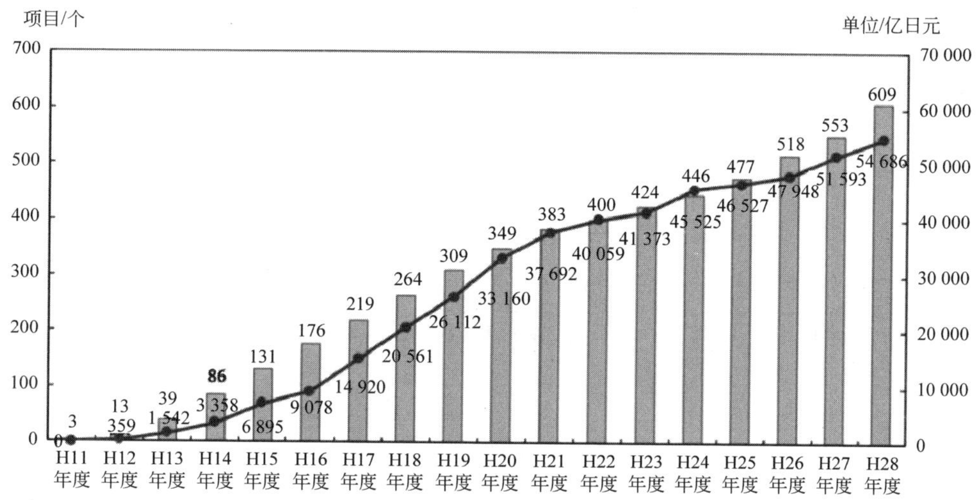

图1-10 PPP/PFI项目数及合同金额的累计(截至2017年3月)

注:H11为1999年,H28为2017年。

数据来源:PFI Promotion Office(2017).

福祉、产业、其他综合设施八个不同类别。[①]

如表1-5所示,截至2017年3月,日本已落地PPP/PFI项目609个,其中教育与文化项目的总量最大,共计200个,占当年PPP/PFI项目总存量的32.8%,说明教育与文化是日本推行PPP/PFI的重点领域;城市建设如道路、港湾、机场、公园、停车场等领域的项目有132个,占比21.7%;健康与环境类项目99个,占比16.9%;安保类、生活福祉类、产业类项目分别为25、23、14个,占比分别为4.1%、3.8%、2.3%。

日本PPP/PFI项目的行业分布特点是公共服务领域的项目数量远多于经济基础设施领域。这也对应了前述日本发展PPP/PFI的现实背景:①日本少子老龄化的社会情况下,对社会服务设施的需求增加,财政压力不断加大;②受日本近年来地震频发等自然条件的影响,包括教育设施、养老设施、防震设施在

① 公共设施:道路、铁路、港湾、机场、河流、公园、上水道、下水道、工业用水管道等城市建设公共设施。

公用设施:政府办公楼、生活区等。

公共服务:教育文化设施、废物处理设施、医疗设施、社会福利设施、改造保护设施等公益设施。

其他设施:信息通信设施、供暖设施、新能源设施、再利用设施(废物处理设施除外)、观光设施及研究设施。

内的已有公共设施老化、损毁加剧，设施维护和翻新的需求增加；③基础经济设施已在过去完成了基本层面的建设工作，基础设施整体较为完善，建设需求相对较小。

表 1-5　日本 PPP/PFI 项目的行业分布（截至 2017 年 3 月）

领　　域		合计/个	占比/%
1	教育与文化（学校设施、文化设施等）	200	32.8
2	城市建设（道路、港湾、机场、公园、停车场等）	132	21.7
3	健康与环境（医疗设施、废弃物处理设施、殡葬设施等）	99	16.3
4	政府大楼与宿舍（办公楼、公务员宿舍等）	60	9.9
5	安保（警察设施、消防设施、监狱设施等）	25	4.1
6	生活与福祉（老年人福利设施、残疾人福利设施等）	23	3.8
7	产业（旅游设施、农业振兴设施等）	14	2.3
8	其他（综合设施等）	56	9.2
合　　计		609	

数据来源：PFI Promotion Office(2017).

1.5.3　日本 PPP/PFI 项目的地域分布

日本 PPP/PFI 项目在地域分布上存在两极化现象。[①] 在经济发达、人口稠密的京东、大阪等大城市圈及大区域非常集中，而人口相对较少的和歌山县、鸟取县、高知县等地区的 PPP/PFI 项目数为零。在日本的一级行政区（都道府县[②]）中，截至 2017 年 3 月存量项目数量较多的一级行政区为：大阪府（60 个）、东京都（58 个）、爱知县（39 个）、神奈川县（38 个）。而在日本人口最多的关东地区，有四个一级行政区 PPP/PFI 项目数量超过 30 个。

① 藤波匠.次世代の社会資本整備に向けたPFIの在り方[J]. Japan Research Institute Review, 2014,5(15)：35-54. https：//www. jri. co. jp/MediaLibrary/file/report/jrireview/pdf/7378. pdf.

② 日本都道府县划分：都、道、府、县是平行的一级行政区，直属中央政府，但各都、道、府、县都拥有自治权。日本共有 1 都（东京都）、1 道（北海道）、2 府（京都府和大阪府）和 43 个县。

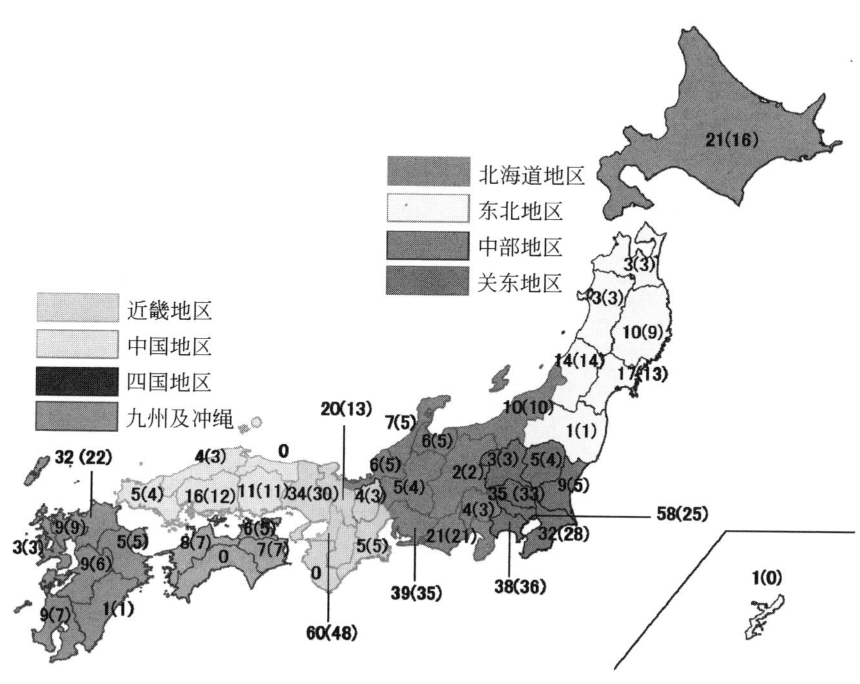

图 1-11　日本 PPP/PFI 项目地域分布情况(截至 2017 年 3 月)

注：括号内为运行中的 PPP/PFI 项目数量。

数据来源：PFI Promotion Office(2017).

若对各行政区的 PPP/PFI 项目数量和区域社会经济环境做进一步分析可以发现，PPP/PFI 项目较多的地方，往往是经济体量相对较大、人口相对集中的京东、大阪等大都市圈或大区域；PPP/PFI 项目没有落地的地方，经济体量和人口数量往往较小。如表 1-6 所示，截至 2010 年 3 月，日本各行政区 PPP/PFI 项目数量位于前几位的是东京都(53 个)、大阪府(25 个)、千叶县(24 个)、埼玉县(23 个)、爱知县(23 个)。这些地区的 GDP 总量和人口总量在日本也位于前列。2010 年东京都 PPP/PFI 数量全国第一，GDP 总量全国第一，人口数量全国第一；大阪府 PPP/PFI 数量全国第二，GDP 数量全国第二，人口数量全国第三；爱知县 PPP/PFI 数量全国第五，GDP 总量全国第三，人口数量全国第四。而截至 2010 年 PPP/PFI 数量为零的和歌山县、鸟取县、高知县、宫崎县等地区，无论从经济总量还是人口数量在全国而言都相对较小。

表 1-6　日本一级行政区 PPP/PFI 项目数及基本经济人口数据（截至 2010 年）

地域	行政区	PPP/PFI 项目总数/个	人口数占全国比例/%	GDP 总量占全国比例/%
全国		375	*	100.00
北海道	北海道	15	4.30	3.66
东北	青森县	2	1.07	0.89
	岩手县	7	1.04	0.83
	宫城县	14	1.83	1.58
	秋田县	1	0.85	0.69
	山形县	10	0.91	0.73
	福岛县	1	1.58	1.40
关东	茨城县	4	2.32	2.26
	枥木县	2	1.57	1.60
	群马县	0	1.57	1.51
	埼玉县	23	5.62	4.02
	千叶县	24	4.85	3.89
	东京都	53	10.28	18.42
	神奈川县	22	7.07	6.06
中部	新潟县	7	1.85	1.74
	富山县	5	0.85	0.87
	石川县	4	0.91	0.89
	福井县	5	0.63	0.67
	山梨县	4	0.67	0.64
	长野县	1	1.68	1.54
	岐阜县	4	1.62	1.43
	静冈县	12	2.94	3.14
	爱知县	23	5.79	6.44
近畿	三重县	4	1.45	1.49
	滋贺县	3	1.10	1.20
	京都府	14	2.06	1.96

续表

地域	行政区	PPP/PFI 项目总数/个	人口数占全国比例/%	GDP 总量占全国比例/%
近畿	大阪府	25	6.92	7.41
	兵库县	14	4.36	3.89
	奈良县	1	1.09	0.72
	和歌山县	0	0.78	0.71
中国	鸟取县	0	0.46	0.36
	岛根县	4	0.56	0.47
	冈山县	7	1.52	1.42
	广岛县	12	2.23	2.12
	山口县	4	1.13	1.15
四国	德岛县	4	0.61	0.57
	香川县	3	0.78	0.73
	爱媛县	4	1.12	0.98
	高知县	0	0.60	0.45
九州及冲绳	福冈县	13	3.96	3.59
	佐贺县	2	0.66	0.55
	长崎县	1	1.11	0.87
	熊本县	6	1.42	1.11
	大分县	3	0.93	0.84
	宫崎县	0	0.89	0.70
	鹿儿岛县	4	1.33	1.10
	冲绳县	2	1.09	0.75
其他项目		2	*	*

数据来源：综合 PFI Promotion Office(2016)信息，日本政府都府道县社会生活指标统计公告(2016)、总务省统计局等信息自制。政府统计数据——社会生活统计指标.[EB/OL].[2017-03-20]. http://www.e-stat.go.jp/SG1/estat/List.do? bid=000001068038&cycode=0. 总务省统计局人口推計の結果の概要.[EB/OL].[2017-03-20]. http://www.stat.go.jp/data/jinsui/2011np/.

对比存量 PPP/PFI 项目数在 2010 年和 2017 年 3 月的数据可以发现(见表 1-7)，经济发达、人口聚集的关东地区，PPP/PFI 项目的增长量最快，埼玉县、神奈川县在 7 年间增加的项目超过 10 个；近畿地区也增长较多，大阪府、京都府、兵库县增量均超过 10 个，兵库县甚至从 2010 年的 14 个增长到 2017 年的 34 个；九州及冲绳地区的福冈县在此期间的新落地项目有 19 个。

表 1-7　日本存量 PPP/PFI 项目数量对比情况

地域	行政区	PPP/PFI 项目总数/个	
		截至 2017 年 3 月	截至 2010 年 3 月
全国		609	375
北海道	北海道	21	15
东北	青森县	3	2
	岩手县	10	7
	宫城县	17	14
	秋田县	3	1
	山形县	14	10
	福岛县	1	1
关东	茨城县	9	4
	枥木县	5	2
	群马县	3	0
	埼玉县	35	23
	千叶县	32	24
	东京都	58	53
	神奈川县	38	22
中部	新潟县	10	7
	富山县	6	5
	石川县	7	4
	福井县	6	5
	山梨县	5	4
	长野县	2	1
	岐阜县	5	4
	静冈县	21	12
	爱知县	39	23

续表

地域	行政区	PPP/PFI 项目总数/个	
		截至 2017 年 3 月	截至 2010 年 3 月
近畿	三重县	5	4
	滋贺县	4	3
	京都府	20	14
	大阪府	60	25
	兵库县	34	14
	奈良县	6	1
	和歌山县	0	0
中国	鸟取县	0	0
	岛根县	4	4
	冈山县	11	7
	广岛县	16	12
	山口县	5	4
四国	德岛县	7	4
	香川县	6	3
	爱媛县	8	4
	高知县	0	0
九州及冲绳	福冈县	32	13
	佐贺县	9	2
	长崎县	3	1
	熊本县	9	6
	大分县	5	3
	宫崎县	1	0
	鹿儿岛县	9	4
	冲绳县	1	2
其他项目		4	2

数据来源：PFI Promotion Office(2017).

PPP/PFI 项目之所以在京东、大阪、神奈川等大都市圈较为集中，一方面是由于人口聚集地区居民公共社会和服务的需求总量大;另一方面是由于这些地区的经济较为发达,市场化程度高,行政主体的能力和素质较高。由于在日本"强政府"的社会背景下,政府对PPP/PFI项目具有绝对的话语权,是否大力推行PPP/PFI需要地方政府领导者具备充分的改革意识和知识能力,而经济发达地区的行政管理者更加具有改革意识,政府自治体累积的经验、能力和知识层次更高,政府工作人员在面对行政管理新挑战时,反应更快,服务意识更强。

日本PPP/PFI项目的区域分布与各地财政情况密不可分(见表1-8)。除了东京、大阪这类PPP/PFI项目密集的大都市圈之外,日本各行政区域的PPP/PFI项目数量与人均财政支出呈现两种相反的趋势,如图1-12所示,人均财政投入较多的地区,政府不倾向于选择PPP/PFI模式提供公共产品和服务;而人均财政支出较多的地区,往往选择PPP/PFI模式。

表1-8 2010年日本各区域财政支出、PPP/PFI项目数及人均财政支出

行政区	人均财政支出/日元	PPP/PFI项目数量/个	财政支出/百万日元
神奈川县	206 228	22	1 863 346
埼玉县	229 425	23	1 647 799
千叶县	256 633	24	1 590 676
爱知县	290 553	23	2 149 964
静冈县	299 134	12	1 123 935
福冈县	313 037	13	1 584 229
广岛县	331 628	12	945 113
奈良县	336 743	1	469 086
京都府	336 813	14	886 713
宫城县	349 544	14	817 486
茨城县	356 577	4	1 057 229
岐阜县	362 240	4	749 962
三重县	364 215	4	674 922
滋贺县	364 388	3	512 253
冈山县	369 098	7	716 989
枥木县	385 925	2	774 338

续表

行政区	人均财政支出/日元	PPP/PFI 项目数量/个	财政支出/百万日元
兵库县	398 716	14	2 221 660
群马县	398 914	0	800 398
长野县	403 496	1	866 315
福岛县	409 269	1	826 406
大阪府	411 801	25	3 641 845
香川县	428 123	3	426 767
爱媛县	432 010	4	618 357
熊本县	445 445	6	808 369
冲绳县	453 807	2	632 157
新潟县	455 250	7	1 076 338
东京都	457 634	53	6 012 273
石川县	457 804	4	532 413
北海道	466 635	15	2 564 328
鹿儿岛县	468 748	4	796 744
山口县	480 511	4	693 920
大分县	486 342	3	578 032
长崎县	488 931	1	693 582
山形县	499 122	10	580 464
富山县	508 905	5	552 819
岩手县	517 854	7	688 285
青森县	531 878	2	727 316
佐贺县	534 721	2	451 023
和歌山县	541 183	0	539 469
山梨县	552 108	4	472 744
高知县	563 170	0	431 835
秋田县	597 376	1	648 925
德岛县	597 516	4	465 808

续表

行政区	人均财政支出/日元	PPP/PFI 项目数量/个	财政支出/百万日元
鸟取县	605 312	0	355 848
福井县	615 593	5	495 635
宫崎县	657 924	0	748 330
岛根县	764 437	4	547 088

数据来源：综合 PFI Promotion Office(2016，日本政府都府道县社会生活指标统计公告(2016)、地方财政白皮书等信息自制。平成二十二年度の地方財政.[EB/OL].[2017-03-20]. http://www.soumu.go.jp/menu_seisaku/hakusyo/chihou/24data/24czs1-1.html.

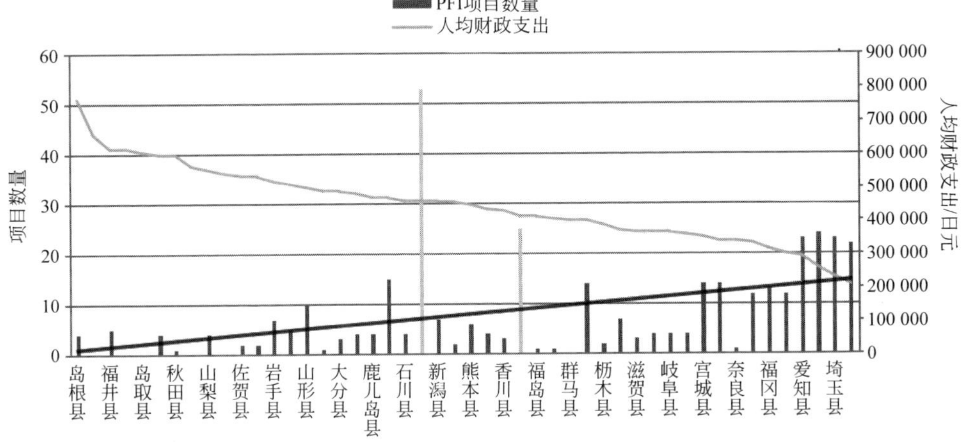

图 1-12　2010 年日本各区域 PPP/PFI 项目及人均财政支出趋势

数据来源：综合 PFI Promotion Office(2010)信息，日本政府都府道县社会生活指标统计公告(2016)、地方财政白皮书等信息整理而得。平成二十二年度の地方財政.[EB/OL].[2017-03-20]. http://www.soumu.go.jp/menu_seisaku/hakusyo/chihou/24data/24czs1-1.html.

有研究认为，当日本地方政府自主财源比例高时，更倾向于采用 PPP/PFI 模式；反之，当地方政府不能充分确保自主财政来源时，财政能力较弱，因此对引入 PPP/PFI 的态度更为消极。[①]

① 藤波匠.次世代の社会資本整備に向けたPFIの在り方[J]. Japan Research Institute Review. 2014,5(15):35-54. https://www.jri.co.jp/MediaLibrary/file/report/jrireview/pdf/7378.pdf.

1.5.4　日本 PPP/PFI 项目的政府管理层级

在日本，各级地方政府是推动 PPP/PFI 最重要的公共主体，包括都、道、府、县这类一级行政主体，也包括其下设的市、町、村等下一级地方自治体。日本根据负责项目的选择、招标采购和融资等各环节的运作主体不同，将 PPP/PFI 项目的行政主体分为中央政府、地方政府以及其他公共主体。[①] 根据《PFI 推进法》的规定，除政府以外，独立行政法人、特殊法人等其他公共法人也能成为公共设施管理的行政主体，包括研究机构、大学、实施市区再开发事业、土地规划事业等其他市区开发事业的协会组织等。[②]

日本 609 个 PPP/PFI 项目中（截至 2017 年 3 月），各级地方自治体（地方政府）主导的项目有 490 个，包括项目选择、招标、融资等各环节运作，占日本 PPP/PFI 项目存量的 80.45%，是推进日本 PPP/PFI 当之无愧的主力。由中央政府部门（财政部、司法部、国土交通部等）主导的 PPP/PFI 项目有 74 个，占总量的 12.15%。除此之外，有 45 个 PPP/PFI 项目是由大学、研究机构、管理协会等其他公共主体完成，占全部项目数量的 7.4%。

对各类行政主体运作的项目进行分析可以发现，社会公共服务类 PPP/PFI 项目主要由地方政府运作。教育与文化项目共有 160 个由各级地方政府作为行政主体，占所有教育与文化项目的 80%；健康与环境项目的数量为 97 个，占全部健康与环境项目的 97.98%；生活与福祉的项目甚至全部都由地方政府运作；道路、港湾、机场、公园、停车场等城市建设 97.98% 由地方政府运作（如表 1-9 所示）。这也与地方政府承担改善居民生活环境、提高基础教育设施、完善社会福祉的主要角色密切相关。

---

① PFI 法案中规定，PFI 项目“公共设施的管理者”的职能包括如何规划项目并付诸实践，包括安排预算在内、选择什么样的项目和方式均有管理。

② 大学作为项目行政主体的例子包括如东京大学为主体实施的“东京大学（本乡）研究楼设施改造工程”，九州大学为主体实施的“九州大学研究和教育楼基础设施开发项目”。研究机构为行政管理主体的例子包括日本原子能研究开发机构为主体实施的“幌延町地下实验室项目地下研究设施建设（二期）等业务”，情报通信研究机构实施的“移动通信测试设备的维护管理业务”。协会组织为项目行政主体的例子包括“益田地区多地清洁中心整改及运营项目”，主体为增田区广域市区内事务协会；丰川宝饭卫生公会殡仪场会馆（临时名称）整改运营项目”，主体为“丰川宝饭卫生协会”。

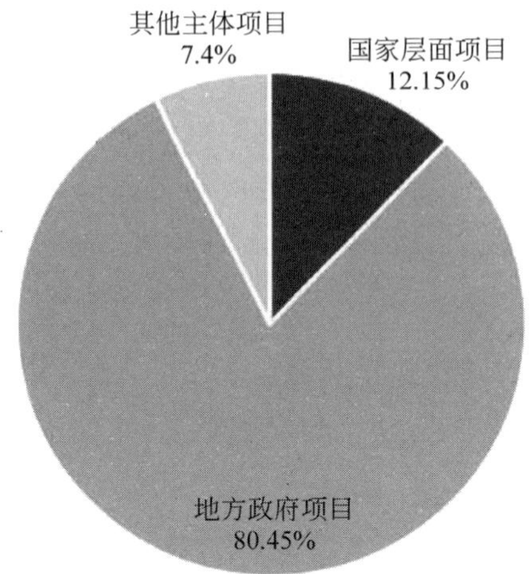

图 1-13 日本 PPP/PFI 项目主体分布(截至 2017 年 3 月)

数据来源：PFI Promotion Office(2017).

表 1-9 日本地方政府 PPP/PFI 项目运用领域分布情况(截至 2017 年 3 月)

领域		项目总数/个	行政层级为地方政府的项目数/个	地方主导项目占该领域总数的百分比/%
1	教育与文化(文教设施、文化设施等)	200	160	80.00
2	健康与环境(医疗设施、废弃物处理设施、殡葬设施等)	132	116	87.88
3	城市建设(道路、港湾、机场、公园、停车场等)	99	97	97.98
4	生活与福祉(老年人福利设施、残疾人福利设施等)	23	23	100.00
5	安保(警察设施、消防设施、监狱设施等)	25	17	68.00
6	产业(观光设施、农业振兴设施等)	14	14	100.00
7	政府大楼与宿舍(办公楼、公务员宿舍等)	60	14	23.33
8	其他(综合设施等)	56	49	87.50
合计		609	490	80.46

数据来源：PFI Promotion Office(2017).

而中央政府的 PPP/PFI 项目主要由财政部、国土交通部、司法部、警察厅等部门作为项目主体，项目领域集中在政府办公楼、公务员宿舍等基础设施建设领域，数量达到42个，占该领域总数的70%。此外，中央政府管理的PPP/PFI项目还包括了14个城市建设项目、8个安保项目、3个教育文化项目、7个其他项目(见表1-10)。

表1-10 日本中央政府PPP/PFI项目运用领域分布(截至2017年3月)

领域		项目总数/个	行政层级为中央政府的项目/个	中央主导的项目占该领域总数的百分比/%
1	政府大楼与宿舍(办公楼、公务员宿舍等)	60	42	70.00
2	安保(警察设施、消防设施、监狱设施等)	25	8	32.00
3	城市建设(道路、港湾、机场、公园、停车场等)	132	14	10.61
4	教育与文化(文教设施、文化设施等)	200	3	1.50
5	其他(综合设施等)	56	7	12.50
合计		473	74	15.64

数据来源：PFI Promotion Office(2017).

其他公共主体负责的PPP/PFI项目主要是教育与文化类，大学和研究机构是教育与文化类PPP/PFI项目的重要力量。大学、研究机构作为行政主体进行的校舍翻新、设施改造等教育文化类PPP/PFI项目有37项，如情报通信研究机构作为行政管理主体，在2003年负责发起、招标、管理项目期为4年的“移动体通信试验设施整改运营项目”[①]。

此外，协会组织等其他公共主体也参与了健康与环境、政府大楼与宿舍、城市建设等PPP/PFI项目，项目数量如表1-11所示。如2007年岩手县沿岸南部广域环境联盟作为行政主体进行管理的“岩手县沿岸南部清洁中心维护管理业务”属于健康与环境项目[②]；2006年名古屋港管理协会作为行政主体的“名古屋

① 移动通信测试设备开发管理项目.[2017-03-24]. http://www8.cao.go.jp/pfi/pfi_jouhou/jigyou/shousai/kanagawa.html#project05.

② 岩手县沿岸南部清洁中心维护管理业务.[2017-03-24]. http://www8.cao.go.jp/pfi/pfi_jouhou/jigyou/shousai/iwate.html#project06.

港管理公会办公大楼整改项目"属于政府大楼与宿舍项目。[①]

表 1-11 日本其他公共主体 PPP/PFI 项目运用领域分布情况(截至 2017 年 3 月)

领域	其他公共主体参与的PPP/PFI 项目数/个
教育与文化(学校设施、文化设施等)	37
政府大楼与宿舍(办公楼、公务员宿舍等)	4
健康与环境(医疗设施、废弃物处理设施、殡葬设施等)	2
城市建设(道路、港湾、机场、公园、停车场等)	2
合计	45

数据来源:PFI Promotion Office(2017).

1.5.5 日本 PPP/PFI 项目操作模式分析

BTO 是日本 PPP/PFI 项目主要的操作模式。2016 年官方有效统计数据显示,日本 PPP/PFI 项目中运用 BTO、BOT、BOO、RO 四种操作方式的项目比例分别为 71.4%、12.3%、3.4%、4.3%,剩余 8.6%的项目采用了混合模式。[②]胡振研究了 2000—2009 年日本 PPP/PFI 项目操作方式,认为从横向动态发展来看,BOT 在 2000 年和 2001 年是日本 PPP/PFI 的主流操作范式,BOO 范式排名次位,BTO 范式在当时应用较少;从 2002 年开始 BTO 逐渐成为日本 PPP/PFI 的主流模式。这一现状一直持续至今,BTO 依然是日本 PPP/PFI 操作中最主要的方式。

BTO 操作方式的特点非常契合日本的社会经济环境和政府治理传统。在 BTO 模式下,公共部门拥有对项目资产的所有权。这种政府对所有权的掌控,一方面,限制了项目公司处置项目资产的权限,保障资产安全,降低项目风险;另一方面,能有效规避私营部门因天然的逐利性引发的提高价格、追逐利润的逆向选择行为,便于公共部门对项目进行有效监管和规制。BTO 契合了日本"强政府"型市场经济的特点,与日本强调政府作为公共服务供给主体的传统吻合。

---

① 名古屋港管理公会办公大楼整改项目.[2017-03-24]. http://www8.cao.go.jp/pfi/pfi_jouhou/jigyou/shousai/aichi.html#project14.

② PFIの現状について.[2017-03-24]. http://www8.cao.go.jp/pfi/pfi_jouhou/pfi_genjou/pdf/pfi_genjyou.pdf.

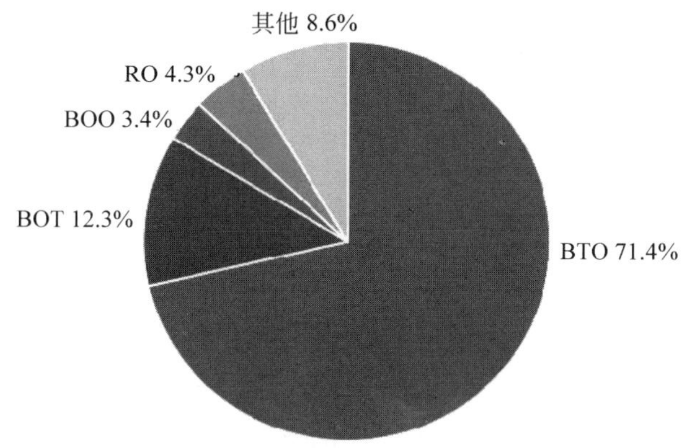

图 1-14　日本 PPP/PFI 项目操作方式比例(截至 2016 年 3 月)①

数据来源:PFI Promotion Office(2016).

此外,日本的 PPP/PFI 项目主要集中在社会公共服务领域,这一领域的项目具有明显的公共属性,决定了项目风险偏好较低,客观上要求公共部门采用更为稳妥的 BTO 方式进行操作。

在选择不同付费模式时,"降低风险、保证质量、约束私营部门"的原则发挥了重要作用。绝大部分日本 PPP/PFI 项目属于公共部门付费或部分由公共部门付费,即政府购买型或混合型。超过 70%的 PPP/PFI 项目选择了购买服务型,公共部门向项目公司付费,项目公司只需按照合同的规定进行设计、建设、运营以及维护管理,不需要担心收益。日本 PPP/PFI 项目中,选择独立核算型付费方式的项目很少。② 对这类付费方式而言,项目公司既要承担公共设施的设计、建设、运营等职能,又要自负盈亏,项目质量存在一定的不确定性。

操作方式的选择与项目自身条件密切相关,需要综合考虑项目的公共性、独立性、竞争性、投资量等因素。具体而言,公共性强、独立性弱、竞争性弱、投资大的项目更容易采用 BTO 模式,对于独立性强、竞争激烈、投资小的项目,政府会选择 BOT、BOO 模式。

① 在进行数据统计过程中,去掉了项目操作方式不明或没有披露有效完整信息的项目。

② 独立採算型のPFI 事業の実施事例はありますか? http://www8.cao.go.jp/pfi/pfi_jouhou/tebiki/kiso/kiso11_01.html.

（1）如果项目的公共性强、投资大，必然导致项目对风险的偏好更低，更适合采取 BTO 方式。公共属性明显、投资较大时，PPP/PFI 项目管理者为了保证项目目标的实现，更倾向于选择采用 BTO 模式，并采用政府购买方式付费，以保证自身对项目的控制权。例如图书馆、博物馆等项目，由于项目本身的公共属性，为了规避项目抵押等活动带来的风险，政府更倾向于拥有项目的所有权以确保项目的稳定性。

（2）项目独立性的强弱会影响操作方式的选择。如东京都中央区的“痴呆症老年人康复之家的整改、运营项目”中，设施的整改和运营需要服从于康复之家的整体安排，其运营维护需要与服务中心的要求一致，不能出现私营部门控制过多的现象。①

（3）如果项目所在领域市场化程度较高，同类型设施之间竞争比较激烈，则要求项目运营者具有较高的运营能力，私营部门更加深入地参与项目，公共主体会选择放弃部门所有权吸引私营部门，并允许私营部门通过向使用者收取费用获得收益。例如国土资源部的“新北九州机场停车检修项目”，机场停车检修是市场化程度较高的服务，要求在这方面更具经验的私营部门，为了提高私营部门的参与积极性，国土资源部选取了 BOT 方式进行操作。②

1.5.6 日本 PPP/PFI 项目的中断情况

日本 PPP/PFI 项目中断主要表现为签约前 PPP/PFI 项目调整，或签约后 PPP/PFI 项目中断或经费延期支付等情况。此外，也存在少部分解除合同的情况（2014 年数据显示，大概只有 1%左右的项目在签约后解除合同或部分解约③）。

对于 PPP/PFI 项目中断的直接原因，前日本总务省曾于 2011 年对地方政府的 PPP/PFI 实施状况进行过调查。④ 在当时收集到的 70 个中断 PPP/PFI

① 認知症高齢者グループホーム等の整備・運営事業.[2017-03-10]. http://www8.cao.go.jp/pfi/pfi_jouhou/jigyou/shousai/tokyo.html#project08.

② 新北九州空港駐車場整備等事業.[2017-03-10]. http://www8.cao.go.jp/pfi/pfi_jouhou/jigyou/shousai/fukuoka.html#project06.

③ 八田达夫，杉田定大，美原融等. 日本 PPP 项目和产能过剩及僵尸企业处理经验[J]. 比较，2016(3).

④ 地方公共団体におけるPFI 実施状況調査報告書.[2017-03-10]. http://www.soumu.go.jp/menu_news/s-news/02gyosei09_03000007.html.

项目信息中，37%的项目由于物有所值较低而停止，23%由于方针改变而停止，17%的项目因为找到了其他更加有利的方式，10%的项目由于私营部门中途退出等原因中断，7%的项目没有就时间长度达成一致或由于前期耗时过长而终止。

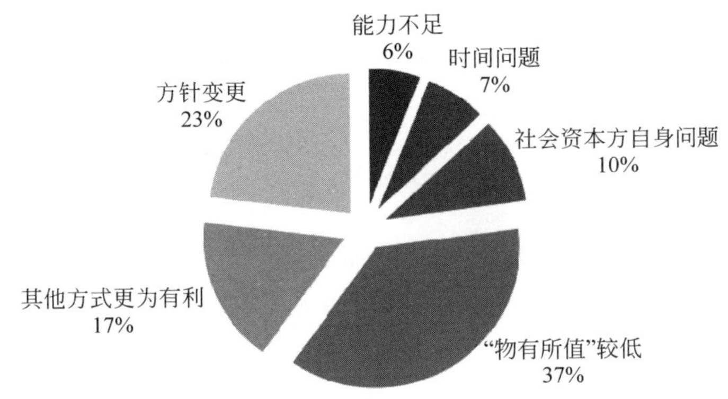

图1-15　PPP/PFI项目中断原因

深入分析这些原因背后的情况可以发现PPP/PFI项目在执行中遇到的困境。主要包括以下方面：

（1）设想过于乐观。在进行PPP/PFI项目需求预测和风险判断时，会出现评估过于乐观的情况，给项目埋下祸根。由于日本政府按章办事理念很强，通常对私营部门履行合同的要求比较严格，灵活处理程度不高。而私营部门存在受限于既有合同框架，收支无法达到平衡，入不敷出的情况，使项目公司(SPC)赔本破产。出现这种情况的一个重要原因在于政府对PPP/PFI的期待过高，对PPP/PFI的理解不深入，没有认识PPP/PFI/PPP不是解决一切问题的万能钥匙。

（2）现实执行不力。私营部门能力不足或政府部门对其管理松懈，都可能导致私营部门对先期构想、规划和VFM评价、支付限度测试等执行不力，无法实现VFM。此外，由于PPP/PFI项目时限长达几十年，部分私营部门在漫长的实践中，自己经营状况出现变化，也可能导致对PPP/PFI项目执行不力。

（3）存在政策风险。由于PPP/PFI项目的决策主体是政府，虽然日本法制体系相对完善，PPP/PFI签约后政府单方面无故中止合同的情况很少。但是在签约前，PPP/PFI项目仍然存在较大政策风险。当某一PPP/PFI项目的负责人或议会遇到政治性反对、抵制或市民的反对运动时，其主导的 PPP/PFI 项目会成为政治风波的牺牲品，随着人员下台、方针变更而被迫中止。

（4）公私双方沟通问题。PPP/PFI 项目的落地需要依靠公私双方的执行人深入沟通，但是由于公共部门和私营部门所站位置、利益诉求和行为方式存在差异，使双方在沟通时容易出现分歧。而在长达十几年甚至几十年的 PPP/PFI 项目执行期中，公私双方的 PPP/PFI 项目执行人都可能出现变化，人员变更也在一定程度上增加了沟通成本。

1.5.7 日本 PPP/PFI 项目的特点和影响

日本 PPP/PFI 在项目主体、涉及领域、操作方式、付费方式等方面都具有明显的国家特点，与“政府主导”型的市场经济体制，地方自治的行政体制等日本独特的社会环境一脉相承。

在项目主体上，推进 PPP/PFI 的主角是地方公共团体而非中央政府；项目在各地都有分布，但大都市圈较为集中，项目的分布与地方政府财政能力密切相关；在领域上公共服务设施的建设较多，特别是教育与文化类设施，经济类基础设施的建设较少；在操作方式上，BTO 是日本 PPP/PFI 操作方式的绝对主流，主要是政府付费。

总体而言，日本 PPP/PFI 的推广在缓解财政困难、促进社会经济发展、提高政府公共服务质量和管理水平等方面均起到了积极作用。[①]

对财政而言，PPP/PFI 的应用有助于 VFM 的实现，减少财政开支，分担公共设施开发的风险，增加地方政府税收。对经济发展而言，PPP/PFI 增加了商业机会，促进私营部门平等参与市场竞争，从而增加就业岗位，刺激经济发展。对项目本身而言，在公共设施建设、运营、管理、维护中引入社会资本的同时，也引进了公共设施的市场化管理经验，提升项目运营效率。[②]

---

① 规制改革、民間開放推進会議. 中間とりまとめ—官製市場の民間開放による.「民主導の経済社会の実現，2004 年 8 月 3 日.

② 投資元によるモニタリングの在り方について、樋口孝夫.『資源・インフラ PPP/プロジェクトファイナンスの基礎 理論』. きんざい，2014：176-178.

1.6 日本PPP/PFI发展中遇到的挑战和发展前景

1.6.1 日本PPP/PFI发展遇到的挑战

虽然PPP/PFI在日本得到了广泛应用，但其作用的发挥依赖于公平公正的评估、有序的市场、严格的监管，PPP/PFI在日本的具体应用过程中依然存在很多障碍和挑战。

1. 公共部门方面

PPP/PFI在地区之间发展不平衡，地区差异较大。政府管理水平的不同导致日本的PPP/PFI发展地区间差异正在不断加大。地方政府是目前推动PPP/PFI项目的主要力量，公共管理基础较好、政府人员素质较高的地区对PPP/PFI的接受和应用较为积极。但在日本，一些地方政府管理水平较低，缺乏足够的PPP/PFI知识和管理能力；基层地方政府面临的事务性、行政性工作负担较重，基层公务员缺乏学习的精力和机会，一定程度上影响了知识水平和管理能力的提升，缺乏推进PPP/PFI的主动性。①

PPP/PFI的核心是合作关系，建立官与民对等、平等的关系是保证项目顺利进行的前提条件。但在日本社会现实中，公共部门的合作意识不充分，缺乏正确的自身定位。部门公共主体存在维持现状、经验主义的现象，特别是一些管理水平较薄弱的政府机构，还存在较为明显的官本位主义思想。

在公私合作过程中公共部门对私营部门存在过度期待和过度要求的现象。在部分PPP/PFI项目中，受限于法规框架和项目实际，即使推进PPP/PFI模式，成本和质量的改进空间也比较有限。但部分公共部门管理者并没有认清这个现实，对私营部门过度期待。项目推进过程中，公共部门需要实事求是地考虑所要求的标准与实际费用之间的平衡关系，如果强行将风险转嫁给私营部门，可能带来风险分担失控，影响项目的最终推进。

政府部门工作人员的能力有待提升。PPP/PFI项目需要具体的人来执行，公务员能力水平、知识素养对PPP/PFI的推进有至关重要的影响。虽然日本

---

① 国土交通省「地域プラットフォームについて」p. 2.

公务员的素质已达到了一定水平，但PPP/PFI的有关能力仍需提高，各类公共主体之间并不平衡。政府部门要进一步培养PPP/PFI专门人才，逐步形成私人运营商、金融机构、大学、地方政府知识共享的局面，提高公共管理主体的知识水平和能力素养。①

日本公共主体在平衡有效监管和激发活力之间同样面临挑战。公共部门的监督有助于PPP/PFI项目质量的保证，防止私营部门不正当逐利，但是过于严苛的法律监管会阻碍私营部门发挥活力，打击私营部门的积极性，影响PPP/PFI市场发展。日本政府意识到了这一问题，在国家级战略计划"日本亿元总活跃计划"(2016年6月2日内阁决定)中明确提出，要"着手解决公共设施运营权方式的问题，争取放松管制、扩大重点领域"，大力推进制度建设，实现有效监管和激发市场活力之间的平衡。

2. 私营部门方面

私营部门需要注意财务健康，存在保证现金流的挑战。由于日本PPP/PFI项目周期较长，一般持续7～30年，私营部门在与公共部门合作过程中，如何保证自身现金流，维持自身财务健康是一项重要课题。日本PPP/PFI项目的研究、应标、谈判需要花费大量的时间和费用，项目前期的大量投入使得私营部门在选择项目时往往会特别慎重，只对那些把握较高的项目和能确保收益的项目进行投标。选择项目时的过分谨慎也会导致私营部门错失良机。

1.6.2 日本PPP/PFI发展方向

经过近20年的积累，日本PPP/PFI项目已经惠及诸多领域，提高了日本基础设施和公共服务的质量与水平，在一定程度上缓解了财政压力，促进了经济发展。

PPP/PFI在国家治理层面已经得到日本政府国家层面的重视和支持。2016年，在以"日本再兴战略"为名的经济增长战略和中长期经济财政运营指引中，将PPP/PFI定位为新的经济增长战略和刺激经济的重要引擎。该指引提出，"通过PPP/PFI，扩大公共服务和资产的民间开放程度，在机场、文教设施、

① 「日本再興戦略 2016 —第 4 次産業革命に向けて—」(平成 28 年 6 月 2 日閣議決定). 首相官邸 HP, p. 166. 九州・福岡の例として、谷口博文「官民連携と地方創生—九州 PPP センターの取り組み—」『日経研月報』No. 445, 2015. 7, pp. 20-25 .

体育设施、社会教育设施等领域，有效利用私营部门的管理和技术，形成协同效应。希望能大胆推进 PPP/PFI 创造新的经济增长点”。[①] 在日本内阁府发布的《日本 2016—2020 财年经济与财政改革基本政策》[②]中明确提出：“日本政府将加速实施 PPP/PFI 改革，利用私营资本更高效地建设和运营基础设施，提供高质量公共服务，形成具备较强能力的区域平台并进行有效利用，促进地区经济的良性循环，刺激经济进一步增长。”[③]

对于未来的发展，综合 PFI 事业推进会议和 PFI 推进委员会的计划部署，日本 PPP/PFI 的发展方向主要有以下几个方面。

（1）发展规模扩大。根据 PPP/PFI 事业推进会议的决议，日本 PPP 发展规模的目标为，到 2022 年实现 21 万亿日元的 PPP/PFI 项目规模（数据显示，1999—2015 年年末签订约 4.9 万亿日元的合同[④]）。日本内阁 PFI 推进委员会于 2013 年 6 月 6 日公布了《PPP/PFI 基础改革行动计划》，明确提出深入推进 PPP/PFI 项目发展，增加基础设施运营和维护效率、提高服务水平并缩减政府财政支出。该行动计划明确了项目类型和雄心勃勃的体量目标，即在 2013—2022 年的 10 年里总计实现 PPP/PFI 项目投资 10 万亿～12 万亿日元。

（2）不同类型的项目投资总额不尽相同。《PPP/PFI 基础改革行动计划》在描述不同 PPP/PFI 项目时提到：①预计特许经营权项目投资 2 万亿～3 万亿日元，鼓励相关部门在机场、供水、污水处理项目上积极推广 PPP/PFI 特许经营。②预计准公共产品项目投资额为 3 万亿～4 万亿日元，即关于公共设施建设、修整、维护和运营的 PPP/PFI 项目，能够产生较为稳定的可预期的现金流收入，抵消项目本身的部分支出。相关部门也将研究利用 PPP 养护和翻修公共设施，例如高速公路，特别是需要大规模维修的“首都高速路”。③由私营部门提议设立的 PPP 项目，例如未使用或未被有效利用的公有地产，预计投资 2 万亿日元。其他常规类的 PPP 项目由于也有助于减少政府财政预算（例如依据

① 日本再興戦略 2016 —第 4 次産業革命に向けて—」(平成 28 年 6 月 2 日閣議決定)p. 21. 首相官邸 HP.

② 経済財政運営と改革の基本方針 2016.[2017-03-10]. http://www5.cao.go.jp/keizai-shimon/kaigi/cabinet/2016/decision0602.html. 其内容包括日本经济现状与挑战分析、日本中长期改革措施、日本经济财政综合改革框架等。

③ 胡振虎，唐泽宇，叶申南. 简析日本 2016—2020 五年期财经政策 [J]. 中国财政，2016，7：64-67.

④ 这一数据是以合同金额推测规模。推进会议上推荐的特许权项目等独立核算型业务中，由于政府机构的支付金额只占了私人企业总收入的一部分，出现了无法恰当表现项目规模的问题。

项目收益或包含了翻修和维护不同设施而收取的结构化设施管理费),预计投资3万亿日元。

(3) 从发展领域上讲,未来PPP发展的重点领域在于国营住宅。根据PPP/PFI推进会议的决议,日本2014—2016年的发展主要集中在机场、航道、下水道、道路以及文教设施等方面。日本2016—2019年3年内的PPP/PFI重点领域为国营住宅,这一领域与2014年度到2016年度3年间集中解决的重点领域一起,规模目标为共同实现71万亿日元的PPP/PFI项目规模。

(4) 从项目方式上说,特许经营是日本PPP/PFI的一个发展方向,是日本政府重点推进的模式,具有很强的发展潜力。2014年度的PPP/PFI项目规模是1.495万亿日元,其中特许权事业只有13亿日元,服务购买型项目是绝对的重点,特许经营所占比重相对较小。而在PPP/PFI推进会议上,决定将2022年特许权项目的规模设定为7万亿日元,规模剧增。此外,PPP/PFI推进会议明确提出"2016年到2018年度,把集中强化特许权项目作为目标",表明了特许经营作为一个重点发展方向得到了高层认可。在"日本亿元总活跃计划"(2016年6月2日内阁决定)中,也明确表示"为了实现'PPP/PFI推进行动计划'规定的项目规模目标,在重点领域推进特许权项目"和其他独立核算型和混合型项目的规模为5万亿日元,服务购买型项目为5万亿日元。[①] 日本PPP/PFI推进的经验中,政府购买项目一直是绝对主力,但是相对于政府购买型的模式,特许经营能够更好地调动私营部门的积极性,发挥私营部门运营能力,对于缓解财政负担,提高效率具有更好效果。

---

① 内閣府.民間資金等活用事業推進会議「PPP/PFI推進アクションプラン」(2016-05-18).

PPPとは、官民が協同して効率的かつ効果的に質の高い公共サービス提供を実現する「官民連携」の概念であり、PFIはその手法の1つであると説明されている.

第2章

日本PPP/PFI项目的融资

PPP/PFI模式在其诞生之初就担负着一个重要的任务——缓解政府的财政压力，丰富基础设施建设的融资渠道，充分发挥民间资金的优势。当然其目的不止于此，但是不可否认的是，融资依然是PPP/PFI项目成功的重要环节。因此，PPP/PFI发展的重要前提之一就是拥有足够的资金来源。在日本，通过政府的积极推动，PPP/PFI项目的融资得到了政府、银行、基金等其他金融机构以及税务部门等多方主体的大力支持，形成了多样化的融资市场。本章重点从PPP/PFI项目坚实的融资基础、标准化的融资流程和多元化的融资市场等角度对日本PPP/PFI的成功融资模式加以解读。

2.1 PPP/PFI项目融资基础

2.1.1 法律基础

在PPP/PFI项目的融资过程中，拥有一套完善的法律体系是十分必要的。因为通过PPP/PFI法律体系的建立和完善，明确项目选择标准、项目负责方、项目运营规章制度，以及保障各方权益的具体条款，可以帮助政府、私营部门和金融机构等PPP/PFI项目参与方实现“有法可依、有章可循”，从而确保各方长期合作的稳定性，降低融资风险，提高资金供给方的参与积极性。与此同时，成立专门支持和指导PPP/PFI项目发展的官方和非官方机构也是必不可少的，因为专业化的管理机构可以保证PPP/PFI项目融资过程合理有序进行。通过专业化的管理机构参与并指导PPP/PFI项目，可以提高PPP/PFI项目各参与方的办事效率，也有助于加强项目实施后的监管与问责。非官方的研究机构可以利用本身的专业性优势为PPP/PFI的法律政策制定、项目实施、项目融资等提供政策建议。而且,政府的支持类似一种无形的担保,有利于提高项目评级,增强银行、证券和及其金融机构参与PPP/PFI项目融资的积极性。因此,PPP/PFI项目的融资离不开政府的支持,而在这方面,日本已经形成了良好的融资法律基础。日本政府推出了一系列法律政策,同时建立了一批致力于推进PPP/PFI事业发展的机构体系,这为日本PPP/PFI项目的顺利融资奠定了坚实的基础。

日本政府首先在法律方面保障PPP/PFI项目融资的顺利进行。1999年,日本政府首先颁布了《PFI推进法》,该法案对PPP/PFI模式下的项目推进、资金支持、项目监督原则、流程等做了详细的规定,不仅保障了融资主体选择的规范化,也推动了民间资本参与公用设施建设项目实施的改进。《PFI推进法》明确规定:①国家或地方政府可以向中标者提供土地等行政财产,还可以享受不同程度的税收减免优惠;②可以采用无偿或者低于市场价的支付对价方式使用国有财产;③对部分公共性程度较高的项目,银行及其他金融机构可以为PPP/PFI项目提供无息贷款或者低息贷款,并且可以在预算允许的范围内,通过日本政策投资银行(DBJ)等提供无息贷款;④政府以无偿资助的方式,为PPP/PFI项目支付前期调研费用,并对项目后期的建设实施提供补贴,与此同时,银行及其他金融机构、税务部门等都可以对该项目提供融资支持。

在随后的几年里,日本又多次对该法案进行修正,进一步夯实了PPP/PFI模式在日本推进与发展的基础。2011年《PFI推进法》修正案确立了“公共设施运营权”和“民间自提制度”①,从法律上维护了PPP/PFI项目中各投融资主体的权益。2013年6月《PFI推进法》修正案提议,由政府和民间共同出资设立PPP/PFI推进机构,对使用者付费型的PPP/PFI项目给予金融支持。2013年,日本内阁办公室颁布了《特许经营权及运营公共设施的指南(新)》(以下简称《特许经营指南》),并修订《PPP/PFI项目实施进程指南(修订版)》。《特许经营指南》是关于PPP/PFI特许经营权的第一份详细指南,澄清了招标过程,明确私营企业可对特许权所涵盖的公共设施进行扩建、翻新和建设。上述法律条文使国家PPP/PFI项目融资有法可依,有章可循。日本政府通过持续完善PPP/PFI项目的法律框架保障了融资的顺利实施,最终使国家资金不断唤起民间资

① 内閣会議.民間資金等の活用による公共施設等の整備等に関する事業の実施に関する基本方針の変更について[EB/OL].[2018-01-25].http://www.pfipcj.co.jp/common/dl/basic_policy.pdf.

本对基础设施项目的投资，缩减财政负担，增加民间企业创新机会，从而促进整个国家的经济增长。

2.1.2　政策支持

1. 优惠措施

在日本，对于基础设施的投资，一般是通过国家提供信用担保的方式，借助邮政储蓄和养老保险等成本低廉的资金，为基础设施的建设提供低息的融资优惠措施。在基础设施融资方面，日本政府采取了以下几项措施：①允许发行基础设施投融资机构债券，但强调市场运作，保证市场监督，提供资金的运营效率；②对于特别重要的项目和资金周期较长的项目，可以采取国家信用担保的方式发行政府担保债券。通过发行债券的方式，首先从资本市场筹集资金，然后贷放给项目实施部门，但是要求该债券的发行必须通过国会表决，而且不适用固定利率结转。[①]

为增强公共设施建设项目对私营部门的吸引力，政府给予了私营部门更多的政策、融资和技术等方面的优惠措施，例如建立和完善投融资优惠政策和土地优惠政策，通过立法等方式协助私营部门清除体制对 PPP/PFI 项目开展的障碍，还可以给予私营部门必要的技术支持与补偿等。在融资优惠中，日本政府采取了国家负担债务、无息贷款、无偿使用国家公共财产、发行市政债券、土地收购和协助融资等措施。

2. 具体实例

由于地方政府在 PPP/PFI 项目推进过程中缺乏经验和知识，对企业和利益相关者的理解不够深入，日本内阁府为保障 PPP/PFI 项目在区域平台上顺利实施，对区域平台实行了一系列项目支持措施，如通过加强公共与私营部门的对话，推动具体项目形成，并向地方政府派遣专业人才等，目的是提高 PPP/PFI 业务的知识获取能力，提升参与主体的项目管理能力。图 2-1 为内阁府支持 PPP/PFI 项目区域平台的具体流程。

---

① 潘宏胜，黄明皓. 部分发达国家基础设施投融资机制及其对我国的启示[J]. 经济社会体制比较，2014(1)：24-30.

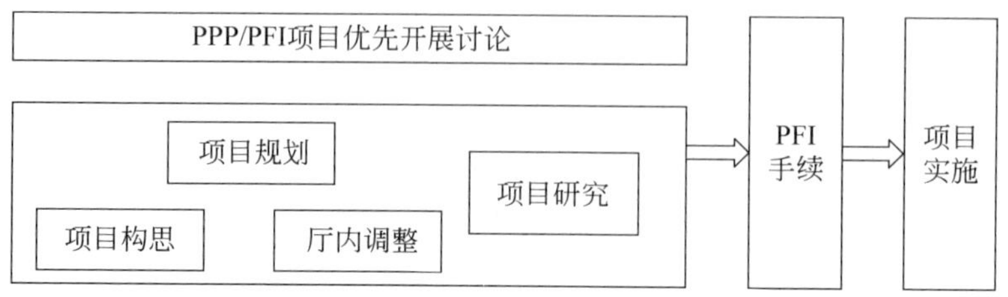

图 2-1　内阁府支持 PPP/PFI 项目区域平台流程图

根据 PFI 推进委员会提供的资料①，该委员会主要为 PPP/PFI 项目提供优先讨论、专家派遣和搭建区域平台等优惠措施。具体支持情况与要求如下：

（1）优先支援 PPP/PFI 项目的讨论

对于人口 20 万以下的地方公共团体②，初期阶段首先开展对项目规划制定和项目对象研究的优先级讨论。

支援阶段：项目构思阶段。

支援目的：保障人口 20 万人以下的地方公共团体在初期阶段有条不紊地开展项目规划的制定和项目对象的研究。

支援对象：20 万人以下的地方政府的具体 PPP/PFI 项目。

支援方式：日本内阁府向地方政府派出顾问，由顾问提供相关材料并给出建议，以保障优先规则的正确制定和项目初期阶段的顺利运营。

支援概要：根据当地政府的特点，制定一套适合当地政府发展的项目开展顺序的优先规则；将规则中规定的相关内容在省厅内进行宣传与交流，同时为促进省厅内人员的理解与学习，特别举办相应的学习会议；收集优先规则中拟定的优先实施项目相似范例。在规则制定部门和项目实施部门合作的基础上，对优先实施项目进行简易的讨论等。通过建立标准化的流程与指导文件，提高项目遴选的效率和质量。同时，将 PPP/PFI 项目排序，优先推进社会急需的公共设施服务项目，优化政府和私营部门方资金的配置。

（2）派遣专家对项目研究支持

支援阶段：项目规划（项目构思）、项目可行性研究、物有所值分析（VFM）

---

①　内閣府 PFI 推進室. PPP/PFI 推進に資する支援措置[EB/OL].（2017-03-31）[2018-01-25]. http://www8.cao.go.jp/pfi/shien/pdf/shien_ichiran.pdf.

②　地方公共团体是日本的行政法概念。日本行政主体之一，是指直接依据宪法享有自治权、独立于国家的地域性统治团体，可以理解为我们国家的“地方政府”。

和 PPP/PFI 项目资料手续办理等。

支援目的：政府派遣具有专业知识的项目专家（如法律、会计、税务和财务方面等的专业人才），旨在解决在项目研究和商讨中出现的棘手问题。

支援对象：在 PPP/PFI 项目研究与实施业务中需要专业化知识帮助的地方政府。

支援概要：支援对象实施项目过程中需要法律、税务、金融等方面非常专业的人才时，政府会派遣专家提供咨询并解决业务中出现的问题。另外，派遣专家对地方政府中有关 PPP/PFI 项目民间提案的招募、受理、评价、利用等也会进行一系列扶助。具体流程如图 2-2 所示，即首先由地方政府向 PFI 推进室申请，在获批后，PFI 推进室根据地方政府的要求，委托相关专家为地方政府 PPP/PFI 项目的具体开展提供咨询服务。

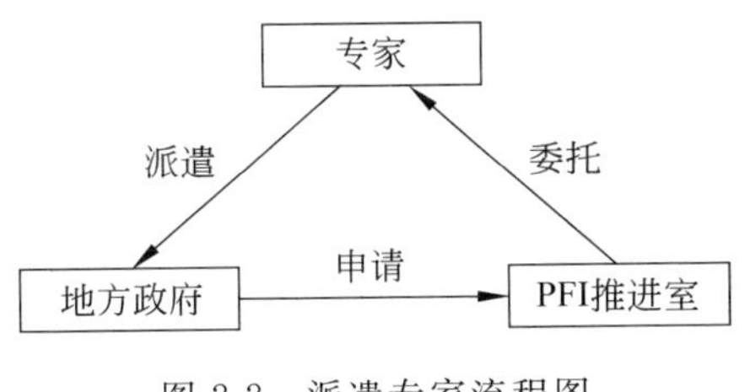

图 2-2　派遣专家流程图

通过专业人员的专业化指导，一方面提高了 PPP/PFI 项目流程的时效，节约了时间；另一方面保障了 PPP/PFI 项目每个环节的合规性和科学性，有利于降低项目风险，为 PPP/PFI 项目的后续建设、运营和维护等环节的开展夯实基础。

(3) 区域平台形成支持

支援目的：为了促进 PPP/PFI 模式的集聚化，改善地区利益相关者的知识获取渠道，提升参与各方的项目开发能力，日本 PFI 推进委员会专门搭建了区域平台支持 PPP/PFI 项目的形成和运作。

支持对象：旨在形成多种 PPP/PFI 业务的地区。

支援概要：内阁府多次派遣顾问，就区域平台的形成、运营计划、项目每阶段的开始与结束进行研究支持。区域平台采取的主要支援措施包括：协调区域平台各主体进行项目经验技术的交流，加速不同行业之间形成网络，促进公共部门和私营部门之间的对话等。区域平台的参与主体如图 2-3 所示，区域平台主要由地方政府、地区金融机构、PPP/PFI推进机构、本地公司和专家等机构组成,各参与主体各司其职,通力合作,注重沟通,在推进日本PPP/PFI项目发展过程中发挥了重要作用。

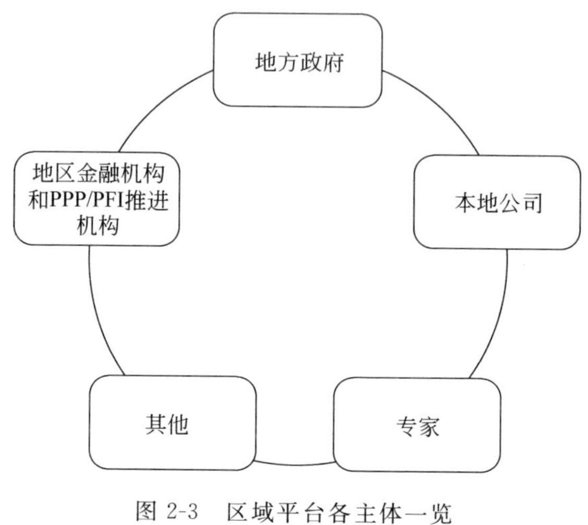

图2-3　区域平台各主体一览

2.2 PPP/PFI项目融资流程

2.2.1 融资结构

長野,幸司(2003)通过规范的数据分析方法比较了日本与欧美等发达国家的PPP融资结构。他发现,相比欧美通常使用的二元或三元融资模式,日本主要运用一元模式,即直接向金融机构筹集长期借款的方式完成项目融资。①

PPP/PFI项目大多数是购买服务型,尽管项目的风险会受企业(总承包商等)信誉状况的影响,但由于很多PPP/PFI项目是政府担保,风险仍然是总体可控的,因此大多数PPP/PFI项目建设都符合高级贷款条件,在进行建设过程中常常使用高级贷款的方式承担建设费用。贷款的期限取决于项目的具体实施情况,大多数PPP/PFI项目的贷款期限约7～20年。

① 長野,幸司. 社会資本整備等における資金調達に関する研究[EB/OL].(2003-12)[2018-01-25]. http://www.mlit.go.jp/pri/houkoku/gaiyou/pdf/kkk30.pdf.

在日本，地方银行、信用金库、保险、中央下属金融机构是PPP/PFI项目的主要融资渠道。PPP/PFI项目中SPC公司的资产负债表中95%～99%负债来自地方银行、信用金库、保险、政府下属金融机构等辛迪加贷款。中标者获得的融资支持中夹层贷款占比1%～5%，具体融资结构见图2-4。

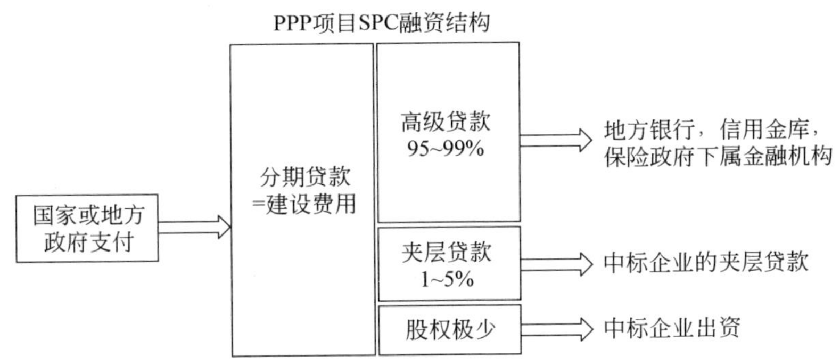

图2-4 日本PPP/PFI项目融资结构

2.2.2 融资流程

在日本，PPP/PFI项目融资通常围绕具体项目开展，而资金的偿还也主要依赖项目自身收益。

日本PPP/PFI常规融资流程可以参见图2-5。

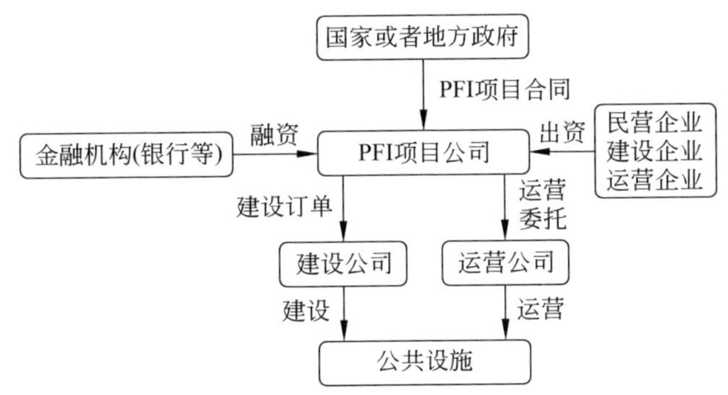

图2-5 PPP/PFI项目实施整个流程图

资料来源：「資産の有効活用等に関する検討会」資料[EB/OL].(2010-11-19)[2018-01-25]. http://www5.cao.go.go.jp/keizaiz/shisan/pdf/daizkai/siryou2.pdf#page=1.

第一步，政府或者私营部门发起PPP/PFI项目。政府通过开展项目可行性研究,确定实施的项目,然后根据项目需求和项目条件向公司进行招标,最终与中标者签订 PPP/PFI 项目合同。

第二步,政府与中标企业出资建立特殊目的公司(SPC)。由 SPC 根据与政府部门签订的 PPP/PFI 项目合同中的要求进行项目运作,如公共设施的设计、建设、运营、维护、维修等。

第三步,由 SPC 以债务融资的方式负责项目的资金筹集,资金来源包括资本市场和金融机构等。在项目融资过程中涉及 PPP/PFI 项目中最重要的资金筹集问题。第一阶段,即项目最初本金的筹集阶段,也是 SPC 的组建阶段。具体来说,首先由政府或者私营部门的项目发起人寻找企业进行合作,这些企业既可以是负责项目建设、运营的企业,也可以是相关金融机构。然后通过对参股私营部门进行最优股权分配,最后组建 SPC。融资渠道主要来源于政府、金融机构以及相关建设运营公司。另外,金融机构不仅可以作为私营部门参与项目融资,还可以通过建立基金的方式参与持股,如产业投资基金。第二阶段,由于 PPP/PFI 项目整个建设周期耗费时间长、投资数额大,项目公司的初始本金可能无法满足 PPP/PFI 项目建设的全部资金需求,所以当 SPC 成立后,为了保障 PPP/PFI 项目建设资金以及运营管理的资金跟上项目进度,保证项目按期顺利完成,要考虑对项目进行债权融资。因此第二阶段的融资是指 SPC 成立后的债权融资(贷款)。债权融资需要给债权人合理的债务利息。第二阶段的融资渠道比较丰富,主要有银行贷款、保险养老基金,或者可以借助资本市场进行资产证券化等方式获取资金。债权融资有直接和间接两种融资方式。直接债权融资,是以项目为依托发行债券;间接债权融资,主要是指通过银行等金融机构进行贷款等方式的间接融资。

第四步,SPC 与建设公司签订建设合同,与运营公司签订运营委托合同,使用专业的公司负责项目具体事务。当各方公司按合同约定的标准完成项目后,通过政府付费或使用者付费形式赚回成本、获取利润。

2.3 PPP/PFI 项目融资市场

融资是 PPP 项目实施过程中十分重要的环节。经过多年的实践及法制建设,日本 PPP/PFI 项目融资市场正由单一化向多元化转变。为 PPP/PFI 项目提供资金支持的主体较多，包括政府[①]、银行及其他金融机构、税务部门[②]等。银行及其他金融机构对 PFI 项目的资金支持包括无息贷款和低息贷款两种形式，日本政策投资银行、日本都市开发推进机构、港湾整备特别会计等机构都向 PFI 项目提供无息贷款，同时，日本政策投资银行也向 PFI 项目提供低息贷款。此外，PPP 项目还可以通过政策性银行或金融机构地方发行债务收入、地方基金、产业性基金等获取资金支持，从而确保项目融资过程的顺利推进。多种可选择的融资方式使 PPP 项目可以利用较少的政府资金完成融资，这也是日本 PPP/PFI 模式的创新之处。以下结合具体案例，对日本国内推进 PPP 项目融资的重要金融机构展开介绍，以展现日本 PPP/PFI 项目多样化的融资市场。

2.3.1　日本政策投资银行[③]

日本政策投资银行（Development Bank of Japan，DBJ）提供的贷款可以算是 PPP 项目中最主要、最基本的一种融资方式。DBJ 是在日本开发银行的基础上重新组建的，主要业务是向日本的基础产业、大型成套项目、欠发达地区的企业和国家重点扶持的科研项目提供优惠贷款，是日本政府实现政策意图的有力工具。基于新日本政策投资银行法，该银行为日本国内和国际客户提供综合投资及贷款服务。[④] DBJ 自 1999 年创立私人融资计划（PFI），十几年间已经积累了丰富的 PFI 项目融资优势，利用自身和公共部门的密切联系，支持那些负责 PFI 客户的项目，[⑤]至今保持 PPP/PFI 行业领导者的位置。

DBJ 提供的贷款及相关服务包括以下内容[⑥]：

(1) DBJ 为客户提供贷款咨询服务。根据客户优先提交的项目概述和简单计划，向客户提供项目管理计划以及资金运营成本咨询，最终帮助客户找到适

---

① 政府除了对 PPP 融资方面的支持还包括一些其他费用无偿资助，范围主要包括两个方面：PPP 项目前期的调研费和项目开始实施后的补助费。

② 税务机构根据税种不同，对 PFI 项目进行不同程度的税收减免，国有资产管理机构也不同程度地将国有资产向 PFI 项目无偿或低偿租赁，这在一定程度上都减少了项目的资金负担，此外通过财政投融资制度、PFI 事业补助费等为 PFI 项目提供财政支持。

③ 日本政策投资银行网站：http：//www. dbj. jp.

④ 金蓉. 国外政策性银行是如何运作的[J]. 金融信息参考，2001(9)：50-51.

⑤ 日本政策投资银行(DBJ)官网. Private Finance Initiative (PFI). [2018-01-24]. http：//www. dbj. jp/en/service/finance/profai/index. html.

⑥ 日本政策投资银行（DBJ）官网. Loan Procedures. [2018-01-24]. http：//www. dbj. jp/en/service/finance/finance_flow/index. html.

合自身项目的贷款。

（2）对商业计划的检查和评估。在收到贷款申请时，DBJ 通过检查申请人的项目和商业计划的利润确定相应条款和贷款条件，最后订立贷款契约。

（3）向客户提供中长期融资，贷款利率取决于特定项目和客户的信贷实力，并根据金融市场波动的细节或国家特殊政策性项目降低融资利率。DBJ 贷款没有最高限额，通过协商和审查贷款人的项目条件决定贷款额度；基于项目的价值确定相应的贷款条件，比如项目的潜在盈利能力、设备或设施的预期寿命，必要时安排延期还款。

（4）通过协商和审查，提供抵押或担保服务。

由此可见，DBJ 为日本 PPP/PFI 项目提供贷款时具有极大的灵活性，在贷款额度、期限和利率等方面都采取了弹性约束制度，这为日本 PPP/PFI 项目的发展提供了强有力的资金支持，同时也给银行提出了更高的要求，为此银行需要具有足够的鉴别能力和定价能力，分析 PPP/PFI 项目的未来现金流和风险状况。羽田机场国际航站楼 PPP/PFI 项目和 PPP/PFI 新庄项目是日本政策投资银行的两个重要融资支持项目，具体情况如下。

案例分析 1：羽田机场国际航站楼 PPP/PFI 项目[①]

在改善国家核心交通基础设施方面，东京国际机场（羽田机场）国际航站楼的维护和管理被认为是日本政府的一个成功 PPP/PFI 操作案例。东京国际机场通过采用 PPP/PFI 模式，将机场的设计、监督、管理和维护等环节转交给了私营部门，同时私营部门还承担了国际客运大楼和停车场等配套设施的开发。该机场由东京国际航空总站公司（Tokyo International Air Terminal Corporation，TIAT）指导，同时由拥有丰富国际终端管理和运输经验的运营商配合。在各方合作下，项目最终实现了提供快捷、方便、安全、舒适的机场国际航站楼服务的目的。值得一提的是，在该业务中，DBJ 充当贷款牵头人，与瑞穗实业银行和东京三菱银行有限公司合作组成银团，共同安排该项目的融资。银团贷款的参与方根据航线的变化趋势和商业需求等，构建了灵活的融资方案，并为该项目提供了长达 30 年的融资支持。

① 日本政策投资银行（DBJ）官网. Case Study：Haneda Airport International Passenger Terminal PFI Business. [2018-01-24]. http：//www. dbj. jp/en/solution/social/public/haneda_pfi. html.

案例分析 2：PPP/PFI 新庄项目[①]

新庄项目是由富山县具体实施的 PPP/PFI 项目，该项目主要包括建立新庄小学新校区和新社区中心，私营部门负责学校和社区的设计、施工、维护等。新庄项目的具体流程如图 2-6 所示。首先由 Hokutate 集团牵头成立集团股东，然后通过次级债贷款和股权投资方式成立特殊目的公司（SPC），该特殊目的公司作为项目执行方，与富山县签订项目合作协议，并完成项目的设计、建设、维护、管理和运营等事项。与此同时，DBJ 与北陆银行有限公司共同为新庄 PPP/PFI 项目提供 18.5 亿日元左右的资金，并和富山县的区域金融机构共同执行贷款业务。

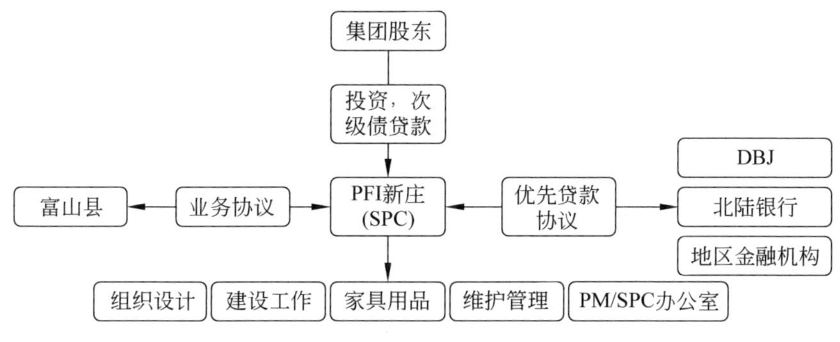

图 2-6　新庄 PPP/PFI 项目流程图

2.3.2　区域综合整治基金[②]

1988 年，经总务大臣和财政大臣许可，日本在都道府县层级出资成立了地区财团法人区域综合整治基金会（以下简称“区域综合整治基金会”），又称故乡基金会。区域综合整治基金会的职责主要是为私营部门提供免息贷款。区域综合整治基金的成立是地方政府灵活运用私营部门能力的一种体现。该组织的贷款业务范围广泛，主要涉及城市发展建设（交通和货物运输等基础设施的

---

① 日本政策投资银行（DBJ）官网.（株）PPP/PFI 新庄のケース.［EB/OL］［2018-01-24］. http://www.dbj.jp/case/01/shinjyo-pfi.html.

② 一般财团法人域総合整備財团〈ふるさと財团〉. ふるさと財团は、地域創生 につながる プロジェクトを支援します.（2017-03-02）［2018-01-24］. https://www.furusato-zaidan.or.jp/wp-content/uploads/2017/03/02zaidan-annai.pdf.

建立）、各种生产设备的维修、区域中心医院和福利设施的维护等。该基金会利用自身更了解当地实际情况的优势，实现更好地为区域PPP/PFI项目提供融资服务。区域综合治理基金会的目的是推动民间合作和区域振兴，对当地产业的发展起到支撑作用。目前，在日本政府和私营部门的共同推动和支持下，该基金会得到了稳步发展，同时也带动了当地的经济活力和各区域的特色发展。

1. 区域综合整治基金会基本情况

区域综合整治基金会由由董事会、理事会、监事组成，并由理事长选出秘书长具体负责基金会的业务运营。该基金会的职能部门包括事务部、融资部、地域再生部和开拓振兴部。

区域综合整治基金会的业务主要包括：①支持区域振兴和民间投资，主要为其提供区域综合整治基金贷款，在必要时为地方政府和私营部门提供长期无息贷款资金支持；②支持地区新产品开发为资源利用提供技术和人员；③支持公共设施管理、PPP/PFI项目，指定管理人员，民间委托等；④进行宣传活动。在出版杂志的同时，还开设了网站，并为财团提供业务相关的信息。

2. 融资要求

（1）融资对象：区域综合整治基金会在对融资对象进行筛选时，通常会选择有助于区域发展并满足下列全部要求的私营部门：从企业赢利的角度出发进行公益事业的私营部门；随着贷款的开始，项目工程必须满足都道府县PPP/PFI项目的就业人数应该在10人以上，市町村项目就业人数应该在1人以上；此外，贷款利息支出在千万日元以上，其中不包括土地购置费。

（2）利息支出：相关设备的购置费用，取得试验研究设备时必要的附带费用。

（3）贷款限额：根据区域综合整治基金会的要求，该基金提供的贷款额度需保持在贷款主体工程造价总额（扣除补助金）的35%以内，当然，对于人口稀少地区的项目和受灾地区该贷款限额条件可以放宽。如日本大地震期间部分受灾地区项目获得的贷款额度可以达到总造价的45%。

（4）贷款条件和贷款方式具体参见表2-1和表2-2。区域综合整治基金会为项目提供了优惠的贷款条件，并且针对不同的项目给予不同的贷款政策。为了帮扶特殊地区的项目或者区域快速发展，区域综合整治基金会对人口稀少地区、离岛地区、多雪地带，以及自治区结算区、合作中心首都圈、东日本地震受灾地区的项目，将提供更高的贷款比率和更大的贷款限额。相比经济实力和基础设施更完善的都道府县，区域综合整治基金更倾向于为实力稍弱的市町村提供更宽松的贷款。

表 2-1　区域综合整治基金会 PPP/PFI 项目融资条件

贷款利率	免　息
偿还期限	5 年以上 15 年以内(其中包括长达 5 年的宽限期)
偿还方法	本息等额偿还
担保	民间金融机构的担保

资料来源：一般財団法人地域総合整備財団. ふるさと財団は、地域創生 につながるプロジェクトを支援します.(2017-03-02)[2018-01-24]. https://www.furusato-zaidan.or.jp/wp-content/uploads/2017/03/02zaidan-annai.pdf.

表 2-2　区域综合整治基金会贷款要件一览(贷款比率、贷款限额和雇佣人数)

单位：亿日元

<table>
<tr><td colspan="3" rowspan="2"></td><td colspan="2">普通区域</td><td colspan="2">人口稀少地区、离岛地区、多雪地带</td><td rowspan="2">自治区结算区、合作中心首都圈、东日本地震受灾地区</td></tr>
<tr><td>一般区域</td><td>区域振兴规划获批地区和冲绳县的区</td><td>一般区域</td><td>区域振兴规划获批地区和冲绳县的区</td></tr>
<tr><td rowspan="4">都道府县，政令指定都市</td><td colspan="2">贷款比率/%</td><td colspan="2">35</td><td colspan="2">45</td><td>45</td></tr>
<tr><td rowspan="2">贷款限额</td><td>普通设施</td><td>42</td><td>52.5</td><td>54</td><td>67.5</td><td>67.5</td></tr>
<tr><td>复合设施</td><td>63</td><td>78.7</td><td>81</td><td>101.2</td><td>101.2</td></tr>
<tr><td colspan="2">雇佣</td><td colspan="5">10 人以上</td></tr>
<tr><td rowspan="4">其他市町村</td><td colspan="2">贷款比率/%</td><td colspan="2">35</td><td colspan="2">45</td><td>45</td></tr>
<tr><td rowspan="2">贷款限额</td><td>普通设施</td><td>10.5</td><td>13.1</td><td>13.5</td><td>16.8</td><td>16.8</td></tr>
<tr><td>复合设施</td><td>15.7</td><td>19.6</td><td>20.2</td><td>25.3</td><td>25.3</td></tr>
<tr><td colspan="2">雇佣</td><td colspan="5">1 人以上</td></tr>
</table>

资料来源：一般財団法人地域総合整備財団.(2017-3-2)[2018-1-24]. ふるさと財団は、地域創生 につながるプロジェクトを支援します. https://www.furusato-zaidan.or.jp/wp-content/uploads/2017/03/02zaidan-annai.pdf.

3. 区域综合整治基金会资金支持情况

区域综合整治基金会自身主要通过地方政府发行市政债券的方式筹集资金，以保证区域综合整治基金可以正常进行放贷运营，其利息的一部分(75%)

被交付地方政府作为税收。

通过为具有法人资格的私营部门提供贷款，主要用于日本交通和通信基础设施建设、城市基础设施建设、区域产业振兴、度假旅游推介、文化、教育、福利和医疗等方面。

截至2016年，区域综合整治基金会累计投资3 940个项目，投资总额达9 585.05亿日元，新增就业人数16.9万名。① 区域综合整治基金会在日本商业设施和住宿设施建设、交通物流设施维护、医院和福利设施建造和维修等领域发挥了突出作用。我们根据区域综合整治基金会投资项目所属领域的比例作出了饼状图，图2-7是2016年区域综合整治基金会累计融资项目个数各领域占比构成情况，图2-8为2016年区域综合整治基金会累计项目融资额各领域占比构成情况，以此更直观地了解区域综合整治基金会的融资情况。从图2-7可以看出，区域综合整治基金会从成立至2016年期间，文化、教育、医疗和福利民生

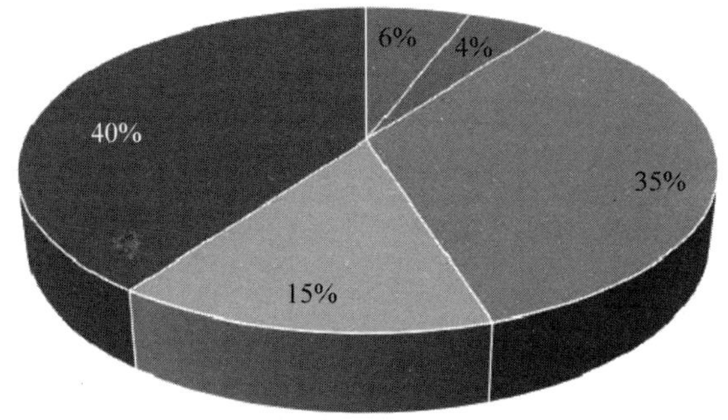

图2-7　2016年区域综合整治基金会累计融资项目个数各领域占比构成（项目总计3 940个）

资料来源：一般財団法人地域総合整備財団〈ふるさと財団〉. ふるさと融資事例集26.［2017-03-10］. https://www.furusato-zaidan.or.jp/wp-content/uploads/2017/04/H28_jireisyu.pdf.

① 一般財団法人地域総合整備財団〈ふるさと財団〉. ふるさと融資事例集26［EB/OL］.（2017年3月）［2018-01-24］. https://www.furusato-zaidan.or.jp/wp-content/uploads/2017/04/H28_jireisyu.pdf.

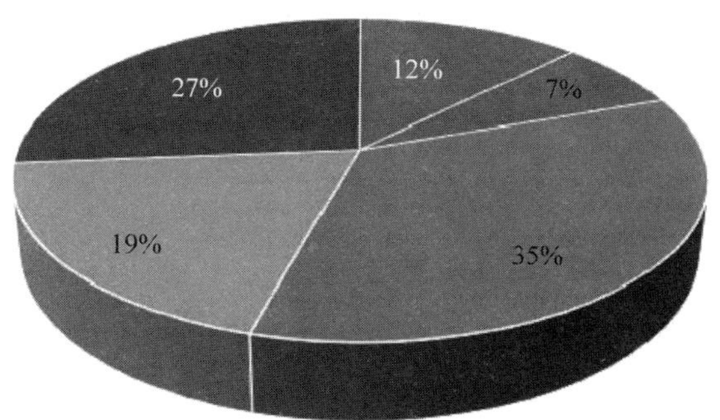

图 2-8　2016 年区域综合整治基金会累计项目融资额各领域占比构成(项目融资额计 9 585.05 亿日元)

资料来源：一般財団法人地域総合整備財団〈ふるさと財団〉.ふるさと融資事例集 26.[2017-03-10]. https://www.furusato-zaidan.or.jp/wp-content/uploads/2017/04/H28_jireisyu.pdf.

性领域的累计融资项目占比最大，为 40%，其他由多到少依次为区域产业振兴领域占比 35%，度假旅游领域占比 15%，交通和通信基础设施领域占比 6%，城市基础设施发展领域占比 4%。从图 2-8 融资额占比情况看，区域产业振兴领域投资额度占比最大，为 35%，其他领域占比顺序基本没有发生变化。可见，区域综合整治基金会充分发挥了自身区域性优势，更倾向于投资文化、教育、医疗和福利民生性领域，同时致力于区域特色产业振兴发展领域。此外，仅 2016 年，区域综合整治基金会新增贷款项目 45 个，其中区域产业振兴项目和文化、教育、医疗项目各 14 件，均占当年投资总数的 31.1%；交通和通信基础设施 10 件，占 22.2%；度假旅游项目 6 件，占比 13.3%；城市基础设施项目 1 件，占 2.2%；共计发放贷款金额共计 279.31 亿日元，同时新增就业岗位 774 个。

区域综合整治基金会除了在资金上可以对 PPP/PFI 项目进行支援，还以各种方式支持地方政府顺利推出和开展公私合作的业务。如区域综合整治基金会可以提供民间合作顾问派遣业务，派遣相关政府官员或者基金会职员开展咨询工作，针对 PPP/PFI 业务的具体操作事宜给出建议。其中派遣费用由基金会全额负担。另外，该基金会定期召集道府县和市町村的官员，举办民间合作研讨会,在全国范围内提供以民间合作方式对公共设施进行开发与维护的一些相关信息与知识,使官员与民间组织对合作项目更加了解;或者通过建立各市 PPP/PFI 推进中心,成立 PPP/PFI 推进委员会研究小组,开展 PPP/PFI 项目进展调查研究和对指定管理者制度进行探索等。

2.3.3 城市发展促进组织(MINTO)

1. MINTO 简介

根据《关于于私人城市发展特别措施法》,日本于 1987 年成立了城市发展促进组织(MINTO 机构),[①]其全称是一般私人基金城市发展促进组织,属于一般财团法人组织。[②] 随着《城市复兴特别措施法》(2002 年第 22 号法律)的颁布,私人基金城市发展促进组织在日本城市建设中起到了重要作用,通过为城市发展项目提供稳定的资金支持,建设和维护当地公共设施。目前已有 1 200 个项目得到私人基金城市发展促进组织的支持。私人基金城市发展促进组织已开展了丰富多样的 PPP/PFI 项目相关业务,包括 PPP/PFI 型免息贷款业务、NTT-A 型无息贷款业务、土地征用转让业务、融通业务、城市发展无息贷款业务、贷款担保业务等。[③]

为了更好地支持 PPP/PFI 项目发展,MINTO 机构还专门制定了《民间事业者利用城镇发展基金的选择标准》,[④]规范了支持的对象范围,在项目的遴选中坚持公平、公开和透明的原则,注重项目的公益性、发展性、地域性、必要性和示范性等。

MINTO 机构在项目开发实施阶段需要负担部分费用,同时与私营部门共同实施项目任务。支援对象主要是城市规划、港口和临港地区项目,对于东京、大阪和名古屋地区,项目支援范围可以拓展到防灾设施(储备仓库、非常用发电设备和海啸避难所等)、教育文化设施、医疗设施、社会福利设施、保育设施以及商业设施。项目的占地面积一般在 2 000 平方米以上。MINTO 通常会以项目

---

① MINTO 機構とは网站.[2018-1-24]. http://www.minto.or.jp/about/introduction.html.

② 财团法人是指以财产为基础而集合成立的法人,财团法人的主要形式就是基金。

③ MINTO 機構とは网站.新規の受付を行っていない業務(業務概要を含む)[2018-01-24]. http://www.minto.or.jp/archives/index.html.

④ 民間都市開発推進機構.クラウドファンディング活用型まちづくりファンド選定基準.2017. http://www.minto.or.jp/common/pdf/fand_choice.pdf.

土地、建筑物等作为抵押提供贷款。对于 20 年以内的资金支持项目，偿还方式采用等额本息的方式，每半年支付一次；10 年以内的项目，偿还方式为到期一次性偿还。

2. MINTO 业务模式

MINTO 机构的几种主要的业务模式如下：

(1) PPP/PFI 事业免息贷款业务①

对于公园、下水道、山体防护或海岸保护等公共设施 PPP/PFI 项目，项目中标者可以采用 20 年期(包括 5 年以内借款本金)的免息贷款业务，贷款本金可以每年或每半年支付一次。在该业务中特别强调，贷款对象必须为根据《PFI 推进法》选定的私营部门。

(2) NTT-A 型无息贷款业务②

私营部门在开发道路、公园和供水等公共设施时，城市发展促进组织(MINTO)通过利用 NTT 股票的出售收入，可以针对 PPP/PFI 项目维护费用的一部分提供无息贷款。图 2-9 为 NTT-A 型无息贷款模式的流程图，可以看出，在该贷款业务中，首先国家通过无息贷款的方式将资金贷放给 MINTO 机构，然后该机构再根据要求选取合适的私营部门，将资金用于私营部门投资 PPP/PFI 项目。

其中，NTT-A 型无息贷款业务在贷款条件方面有以下规定：①贷款对象必须是私营部门；②资金投向必须是公共设施，如城市规划设施，同时要求该项目并未获得国家补贴。

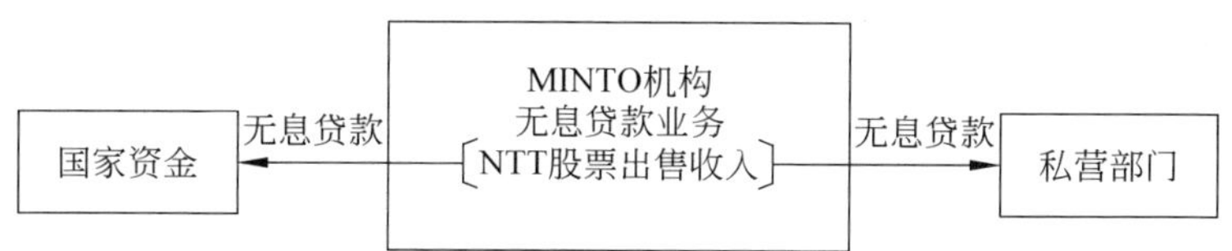

图 2-9　NTT-A 型无息贷款模式流程

① MINTO 机构网站. 無利子貸付業務(PFIタイプ). [2018-01-24]. http: //www. minto. or. jp/archives/results_12. html.

② MINTO 机构网站. NTT-A 型無利子貸付業務. [2018-01-24]. http: //www. minto. or. jp/archives/results_10. html.

（3）资金融通业务

在资金融通业务中，如果私营部门从事的PPP/PFI项目满足融通资金要求，MINTO机构有权要求金融机构（如日本政策投资银行或冲绳开发振兴金融公司等）向该私营部门提供长期固定利率的低息贷款，但贷款额度需控制在该公共设施维修费用总额的50%以内。其中，资金投向可以是公共设施（道路、通道、广场、绿地等）、城市便利设施（停车场、中庭、社会教育设施等）和建筑便民设施（避难所、消防设施、公共通道）等。具体流程参见图2-10。

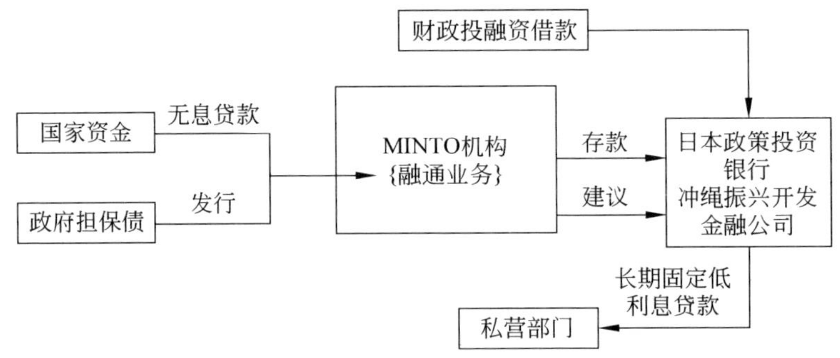

图2-10 MINTO资金融通业务流程

针对资金融通业务，MINTO机构通常有以下几点要求：①该项目必须位于城市规划区或涉及海港业务的港区；②贷款对象为民营企业（包括第三部门）；③项目的总建筑面积在2 000平方米以上。

（4）贷款担保业务

在贷款担保业务中，MINTO机构主要充当担保人，通过MINTO机构为私营部门贷款或债券发行进行担保，使得民间金融机构和投资者资金筹措的程序得以简化，有利于提高私营部门获得资金的时效。

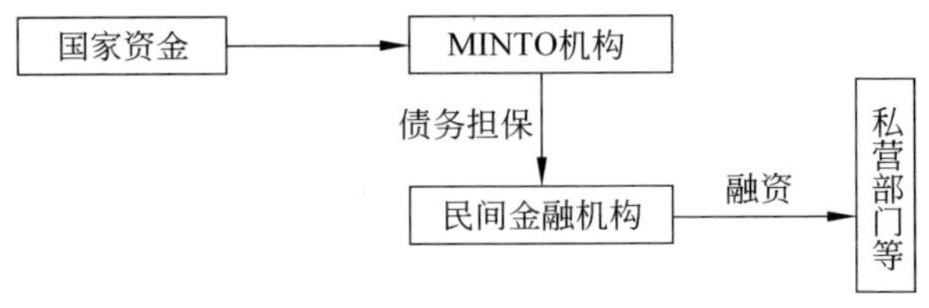

图2-11 MINTO贷款担保流程

(5) 夹层资金支持业务

针对特定项目,MINTO 机构还出台了《夹层资金支援业务实施要领》[①],对支援对象、支援方式、条件和程序等内容进行了规范。

夹层资金支持业务适用的项目领域主要有:城市再生紧急维护项目,如绿地广场公共设施、防灾设施、地铁站、减灾储备仓库以及有利于减少二氧化碳排放的项目等,全国共计 59 个;特定城市再生紧急维护项目,全国共计 13 个;市区重建发展规划项目。

该业务对资金支持额度和期限也有限定。对于夹层资金支持额度原则上限制在 PPP/PFI 项目总成本的 50%以内,而且主要用于支持公共设施的维修费用;贷款期限为 20 年,债券为 10 年以内。

此外,为降低目标对象选择的风险,MINTO 还将委托专家或者咨询机构对贷款对象的财务、经营等情况进行评估。

2.3.4 产业投资基金[②]

近年来,产业投资基金这一新型的项目融资方式不仅被欧美等发达国家广泛应用,也被日本政府以"官民合作基金"的名义积极推广用于 PPP/PFI 项目融资。在日本,东京都政府、日本中央政府和 PPP/PFI 推进机构合力推动设立了产业投资基金,构建了相对完善的 PPP 项目管理制度。

从产业投资基金出资构成上看,政府和金融机构的出资是日本 PPP/PFI 产业投资基金获取资本金的主要途径。以 PPP/PFI 产业投资基金的资金支持情况为例,该机构计划为 PPP/PFI 项目融资 200 亿日元,其中政府与金融机构的出资比例为 1∶1,即政府出资额为 100 亿日元,民间出资额为 100 亿日元。截至 2016 年 3 月,共有 70 家金融机构为该计划出资,已完成融资 100 亿日元的目标。

在投资对象上,首先对于投资对象的地域,日本 PPP/PFI 产业投资基金可在全国任何地方进行投资。日本《PFI 推进法》也清晰地规定了投资对象的所属领域,私营部门可以进入道路交通、住宅、医疗卫生、教育文化产业、社会福利

---

① 一般財団法人民間都市開発推進機構. メザニン支援業務実施要領. (2017-04-01)[2018-01-24]. http://www.minto.or.jp/common/pdf/mezzanine_info.pdf.

② 阮征. PPP 模式下产业投资基金运作机制的中日对比研究[D]. 重庆:重庆大学,2016.

等公共服务领域。可见法律对于投资对象的所属领域没有过多限制。2009 年，日本政府在修订的《PFI 推进法》中将投资范围扩大，规定机场、码头和人造卫星等领域也可以进行 PPP/PFI 项目投资。因此 PPP/PFI 产业投资基金可投资的范围也进一步扩大。在 2015 年 11 月 6 日，PPP/PFI 产业投资基金决定向大阪机场和日本关西机场合作组建的“关西机场股份有限公司”进行投资，其中次级债券融资 12.6 亿日元，股权投资 19 亿日元，夹层融资 200 亿日元。

从投资项目选择看，日本在 2011 年的《PFI 推进法》修正案中提出了“民间提案制度”，世界银行下属机构 PPIAF 的一份专题报告中指出，将民间自提(Unsolicited Proposal)定义为 PPP 项目的一种初始发起方式。根据“民间提案制度”的规定，日本政府鼓励民间企业和组织主动向政府提议 PPP/PFI 项目，从而提高私营部门参与 PPP/PFI 项目的积极性和主动性，提升对 PPP/PFI 项目的关注程度。

从项目类型看，在日本 PPP/PFI 产业投资基金创立伊始，法律就明确规定其投资对象仅为“独立核算型项目”，即使用者付费项目。由于使用者付费型项目财务状况良好，现金流比较稳定，有利于降低 PPP/PFI 产业投资基金的风险，但是这种使用者付费模式的项目在日本并不普及，这在很大程度上限制了产业投资基金作用的发挥。

从运作机制上看，日本 PPP/PFI 产业投资基金实行母子基金两级架构的运作方式，即母基金(FOF)不仅可以直接投资 PPP/PFI 项目，也可以通过参股子基金的形式参与 PPP/PFI 融资运作。从图 2-12 中可以看出，PPP/PFI 产业基金的资金来源主要为政府和私营部门方，由其出资额作为 PPP/PFI 产业基金投资的资金池。PPP/PFI 产业投资基金通过直接投资和间接投资的方式为项目提供资金支持。直接投资是将资金直接贷放给特殊目的公司，具体参与方式包括债权融资、夹层融资和股权融资等。其中股权投资和夹层资金的方式占主体。间接投资是通过建立民间基础设施基金的方式，间接地将资金投放给特殊目的公司。此外，日本 PPP/PFI 产业投资基金还提供融资担保等便利，提高投资者参与 PPP/PFI 项目的信心。[①]

日本的 PPP/PFI 产业投资基金的特点主要包括两个方面：①重视国外基

---

① 阮征. PPP 模式下产业投资基金运作机制的中日对比研究[D]. 重庆：重庆大学，2016.

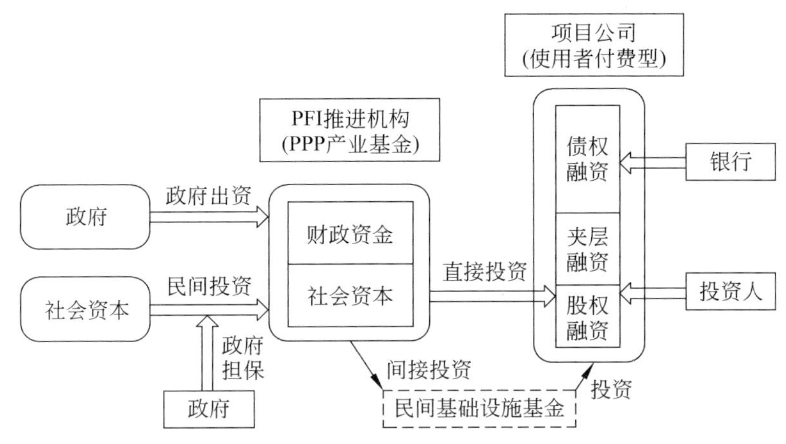

图 2-12 日本 PPP/PFI 产业投资基金运作机制

资料来源：阮征. PPP 模式下产业投资基金运作机制的中日对比研究[D]. 重庆大学，2016.

金管理平台的引进；②重视新能源领域中的 PPP/PFI 项目。PPP/PFI 推进机构为产业投资基金引进的大部分 PPP/PFI 项目都涉及低碳、可再生能源等领域。一方面，欧美等发达国家对于基金在 PPP/PFI 项目融资运作已十分娴熟，日本对于国外管理经验和资本的需求十分强烈；另一方面，日本自然资源匮乏，政府迫切希望通过对新能源的开发和利用代替更多自然资源的使用。特别是在东日本大地震之后，很多电力能源项目亟待恢复。同时，日本在高速发展时期建立的交通运输等基础设施已经比较完善，产业投资基金投资的 PPP/PFI 项目重点转向新型能源领域。

日本政府从 2015 年开放了基础设施基金上市的交易市场，使基础设施建设投资形式的发展迈上一个新台阶。这对于国家的基础公共设施建设、维护与发展有重大意义。上市渠道的开放不仅完善和丰富了基金的退出渠道，也提高了私营部门参与 PPP/PFI 项目的积极性。从产业投资基金发起人看，上市交易的开放可以使基金有更加透明规范的交易和完善的退出机制，为 PPP/PFI 项目的融资提供了有力的保障；对于基金投资人，上市交易的开放促进民间投资的积极性，使机构投资者或者个人投资者以更加规范透明的方式参与 PPP 项目建设。

2.3.5 养老基金及其他

日本 PPP/PFI 项目融资可以国家信用为担保，鼓励邮政储蓄、养老保险公积金等参与公共基础设施建设,从而有利于实现日本公共设施的低息融资。同时,邮政储蓄、养老保险基金等机构也可以在公共设施运营阶段获得长期稳定的收益①。

日本的介护险制度②为养老基金参与 PPP/PFI 项目融资提供了极大可能性。介护以照顾独立生活困难者的日常生活起居为基础,旨在帮助他们享受正常的生活。日本在 1997 年 12 月通过《介护保险法》,并于 2000 年 4 月正式实施。根据"介护保险法"的规定,国家承担介护保险费的 50%,使用者将负担费用的 10%,剩余部分由地方政府补偿,而且介护险制度允许私营部门参与营利。保险的对象为居住在日本的 40 岁以上居民(包括外国人)。

目前,日本养老基金在 PPP/PFI 项目上的融资业务尚属发展阶段,日本通过加强与国外公司的合作,学习国外融资经验与融资业务操作,积极发展养老基金与 PPP/PFI 相结合的融资方式。2014 年 3 月,作为世界上最大养老基金的日本政府养老金投资基金(Government Pension Investment Fund,GPIF)和日本政策投资银行(Development Bank of Japan,DBJ)与全球战略投资联盟签订共同投资协议,使得全球战略投资联盟增加了数百亿美金的总资本。该协议的宗旨主要是发展养老投资基金在 PPP/PFI 项目中的融资业务。

依据 2013 版《PFI 推进法》的规定,日本于 2013 年 2 月 7 日成立 PFI 促进公司(Private Finance Initiative Promotion Corporation of Japan,PFIPCJ)。PFIPCJ 由中央政府、银行、保险、私营企业共同出资,属于公私合营的基础设施基金。PFIPCJ 的核心宗旨是推动 PPP/PFI 项目的股权投资,利用国家层面的资金作为"种子资金"来培育基础设施投资市场。此外,PFIPCJ 还将利用夹层融资的方式支持 PPP/PFI 项目,如持有项目公司的夹层债或者优先股。特别需要指出的是,依据修订后的法律,PFIPCJ 应当着重于"使用者付费"类型的 PPP/PFI 项目,从而缩减国家财政支出,同时增加私营部门参与公共设施的商业机会。

---

① 潘宏胜,黄明皓. 部分发达国家基础设施投融资机制及其对我国的启示[J]. 经济社会体制比较,2014 (1):24-30.

② 中国养老周刊. 养老领域 PPP 模式分析:何种模式适应市场发展.(2016-12-27)[2018-01-25]. http:// www.sohu.com/a/122730609_588474.

日本 PPP/PFI 政策解读

3.1 PPP/PFI 政策法规发展历史

3.1.1 日本 PPP/PFI 立法历程

日本 PPP 发展主要效仿英国,起步较晚。日本政府从 1999 年才开始 PPP/PFI 立法管理,但是作为后起之秀,PPP/PFI 立法进展十分迅速,已经形成了一套完整的法律政策体系和管理机制。

1999 年,日本政府首先颁布了《PFI 推进法》,该法案的核心要旨是鼓励民间资本参与公用设施建设,提升公共产品交付能力和服务质量。随后在 2001 年、2005 年、2011 年、2013 年和 2016 年,多次对该法案进行修正。此外,在《PFI 推进法》指导下,日本于 1999 年成立了 PFI 推进委员会,该组织作为日本唯一官方 PPP 机构,其职责类似于英国政府商务税(Office of Government Commerce,简称 OGC)。2000 年,日本出台《关于制定利用民间资金等公共设施整备相关项目实施的基本方针》。在该基本方针的指导下,日本又先后颁布了《PFI 项目实施程序指南》《PFI 项目风险分担指南》《物有所值指南》《合同指南》和《监督指南》等一系列实施细则,为 PPP 项目的开展提供了完整的管理体系。而且,日本注重指南在 PPP/PFI 项目指导过程中的调整,根据需要,在 2007 年重新修改了《物有所值指南》和《PFI 项目实施程序指南》。具体立法见表 3-1。

表 3-1 日本 PPP/PFI 立法进程

时　间	立 法 进 程
1999.7	正式颁布《关于充分利用民间资金促进公共设施等建设的法令》
1999.9	成立 PFI 推进委员会

续表

时　间	立 法 进 程
2000.3	出台《关于制定利用民间资金等公共设施整备相关项目实施的基本方针》
2001.1	发布《PFI 项目实施程序指南》和《PFI 项目风险分担指南》
2001.7	发布《物有所值指南》
2001.7	第一轮修订《PFI 推进法》
2003.6	发布《合同指南》和《监督指南》
2004.6	PFI 推进委员会中期报告
2005.8	第二轮修订《PFI 推进法》
2006.11	相关部委和机构形成 PFI 联络会议董事的安排文件
2006.12	2005 年年度报告（第一届年度报告）
2007.6	修订《物有所值指南》和《PFI 项目实施程序指南》
2007.11	PFI 推进委员会报告
2008.7	再次修订《物有所值指南》
2011.5	第三轮修订《PFI 推进法》，扩大民间资本可投资的领域
2013.6	第四轮修订《PFI 推进法》，由政府和民间共同出资设立股份公司
2013.6	发布《特许经营权及运营公共设施的指南（新）》《PFI 项目实施进程指南（修订版）》《合同指南——PFI 项目合同中的注意事项（修订版）》
2016.9	第五轮修订《PFI 推进法》

资料来源：裴俊巍，包倩宇．日本如何推进 PPP[J]．中国政府采购，2015(7)：53-56．
日本内阁府网站．http：//www8.cao.go.jp/PPP/PFI/hourei/kankei_hourei/kankei_hourei.html.

总体而言，日本的 PPP/PFI 事业指导方针经历了三个关键性阶段。

第一阶段是 1999—2005 年，此期间的项目比较简单、操作容易。从政府的角度看，其主要目的是先实践后推广，做好前期的基础性工作，稳扎稳打。该阶段主要采用 BTO 模式，即政府购买服务的方式。项目主要是市政设施而非经济实施，开展 PPP/PFI 模式的主体集中于地方政府，中央政府的参与比较有限。

第二阶段是 2006—2010 年，PPP/PFI 事业的外部环境得到了极大的改善，政府阶段性地放松了对 PPP/PFI 事业的管制，扩大了可以采用 PPP/PFI 模式的项目领域，阶段性地扩大了私营部门可以参与的项目环节和承担的风险，如项目的附属服务和联合建筑等环节被转移给私营部门。而且这一阶段的 PPP/

PFI 项目更加注重服务型项目。

第三阶段是 2011 年至今，政府将更多的风险转移给私营部门承担，而且参与的项目也更具挑战性。私营部门获得项目的(使用收费制)特许权。伴随时间推移，项目的复杂性、实现的难度和私营部门承担的风险水平都在逐步攀升。

3.1.2 日本 PPP/PFI 立法特点

日本属于典型的大陆法系国家，在推进 PPP/PFI 发展的过程中，大多数是以成文的法律形式加以管理。基于这一特点，日本 PPP/PFI 相关立法具有显著的国家主导的特点，政府对 PPP/PFI 项目范围和模式的管理较为严格。从政治体制的角度分析，日本属于中央集权国家，政府更加注重在 PPP/PFI 项目推进中的主导作用，对 PPP/PFI 项目的所有权和控制权保持高度集权。私营部门参与 PPP/PFI 项目建设的前提是获得国家特许经营权，而且，即使私营部门被授予项目建设、经营的权利，依然要接受政府的严格监管。在日本，PPP/PFI 合同通常被视为一种行政合同。[①] 表 3-2 从法律体系、政治体系、主导力量、法律形式、主导类型和发展方式角度，展示了日本、韩国、法国、澳大利亚、加拿大和英国六个国家的 PPP 立法特点。

表 3-2 日、韩、法、澳、加、英六个国家 PPP 立法的特点

	日本	韩国	法国	澳大利亚	加拿大	英国
法律体系	大陆法系	大陆法系	大陆法系	普通法系	普通法系	普通法系
政治体制	中央集权	中央集权	中央集权	联邦制	联邦制	联邦制
主导力量	政府	政府	政府	市场	市场	政府
法律形式	法律	法律	法律	政策	政策	政策
主导类型	特许经营	特许经营	特许经营	政府采购	政府采购	政府采购
发展方式	外力推动	外力推动	自发形成	自发形成	自发形成	外力推动

资料来源：裴俊巍.国外 PPP 立法特点与经验借鉴[J].中国财政，2016(12)：33-35.

日本在 PPP/PFI 立法过程中特别强调两点：①保障 PPP/PFI 项目流程的公平、公开和透明；②减少政府干预，提高民间资金自主性。首先，为实现公平、

① 裴俊巍.国外 PPP 立法特点与经验借鉴[J].中国财政，2016 (12)：33-35.

公开、竞争的基本原则，日本政府要提前公开PPP/PFI项目政策、草案和有关信息等，同时公开PPP/PFI项目和私营部门选取工作相关资料，从而真正确保PPP/PFI项目流程的公平、公正和透明化；其次，PPP/PFI推进过程中，尽量减少政府干预行为，保障民间资金的独立性和自主性，最大程度地发挥民间资金在经营能力和技术能力方面的比较优势。①

3.2 日本PPP/PFI管理体系

3.2.1 日本PPP/PFI管理机构框架

针对PPP/PFI项目，从宏观调控到微观指导，日本建立了健全的组织管理结构，如图3-1所示。中央政府负责统筹宏观调控，推进委员会对具体项目进行微观协调。地方政府和私营部门基于PPP/PFI项目建立合作意向和伙伴关系。其中，专业的组织机构作为智囊团，为PPP/PFI项目提供专业化的指导和服务。如投资咨询机构、项目评估机构、施工监管机构、培训机构、审计机构和法律顾问等其他组织机构，各专业组织机构分工明确，职能健全明晰，以PPP/PFI项目为中心，从咨询到融资，多方沟通，群策群力，共同推进日本PPP/PFI事业的发展。

与此同时，为推进PPP/PFI事业的发展，日本在机制上采取了应对窗口的一元化，即把来自民间的提案、咨询、对话窗口一元化，专门设置更加高效的机构。截至目前，这种一元化的服务窗口已逐渐成为一种惯例，原则上行政机构内部的协调功能全部由该窗口担当。其中比较具有代表性的有横滨市共创前台、神户市官民合作推进室。与此同时，需要注意的是，该窗口并没有过多的权限或财源，只是与民间对话、协调行政机构内部的一站式窗口，与广义上官民之间的开放式平台有所差异。

此外，日本在设置常设咨询窗口的同时，另行设立对话及意见交流的场合（平台），如地方官民论坛。该做法作为一种有效的实践案例在日本已被逐渐接受。该平台的职责主要包括以下几个方面：①获取知识，加强私营部门

① 张改平，李津京. 日本PFI法吸引民资进入公共设施领域的分析[J]. 综合运输，2013(10)：72-77.

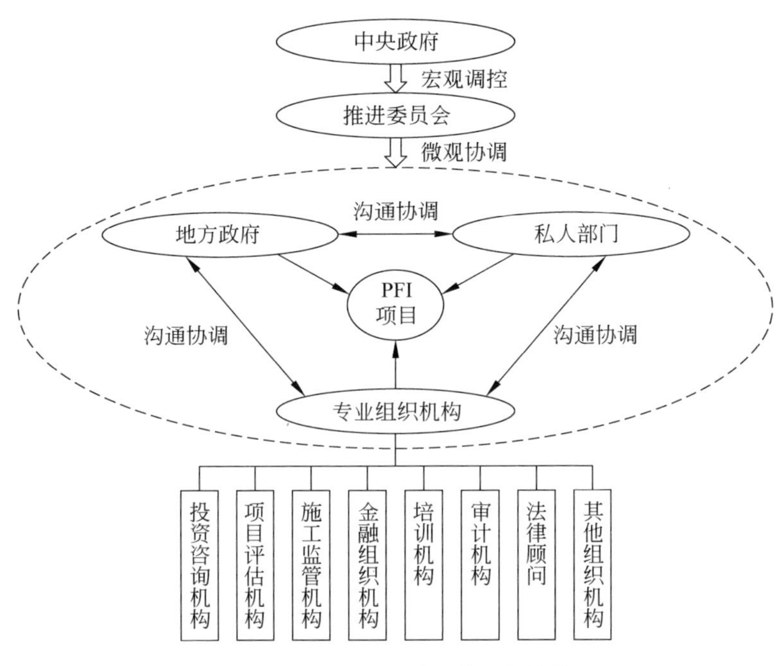

图 3-1 PPP/PFI 项目的组织结构

的能力建设，为其提供基础性知识、先进案例和其他地区的动向等信息，提升参加者的能力，特别是当地企业的技能、积极性的培养、提案能力和项目执行能力的培养；②协调官民交换意见，辅助信息采集、意见交流，协助官民双方一起思考限制因素、市场诱因及解决方案等；③促进不同行业之间的网络形成、推动企业联合体的建设。如图 3-2 所示。在日本，发展比较成熟的地区官民论坛有 2011 年 6 月设立的福冈 PPP 平台和 2013 年设立的琦玉官民合作社区。

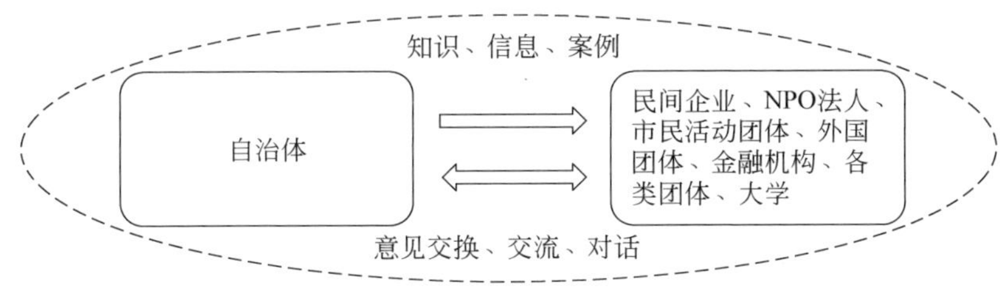

图 3-2 地区官民论坛工作模式

资料来源：美原融. PFI/PPP 在日本的实践与所面临的课题. 第 21 届中日民商事法研讨会.

3.2.2 日本 PPP/PFI 主要推进机构

日本政府在推动公共设施发展，提高民间资金参与公共设施投资积极性方面发挥了重要作用。日本内阁根据《PFI 推进法》，专门成立了 PFI 推进委员会，负责 PPP/PFI 项目的管理和推广工作。同时，日本还建立了许多非官方机构组织，协助 PPP/PFI 项目发展，如日本 PPP/PFI 协会、亚洲 PPP 政策研究会、东洋大学 PPP 研究中心、亚洲 PPP 研究所、地方自治体公司合作研究会和民间咨询机构。在中央政府的统一领导下，PFI 推进委员会负责 PPP/PFI 项目推进，财政部、银行和税务机构等负责提供资金支持，行业组织和地方政府负责监督 PPP/PFI 项目，外部顾问和项目协会提供专业咨询，因此，日本已经形成了一套完整的 PPP/PFI 项目管理体制和运作模式，即项目推进、资金支持、项目监督和专业咨询的全方位服务模式。① 如图 3-3 所示。

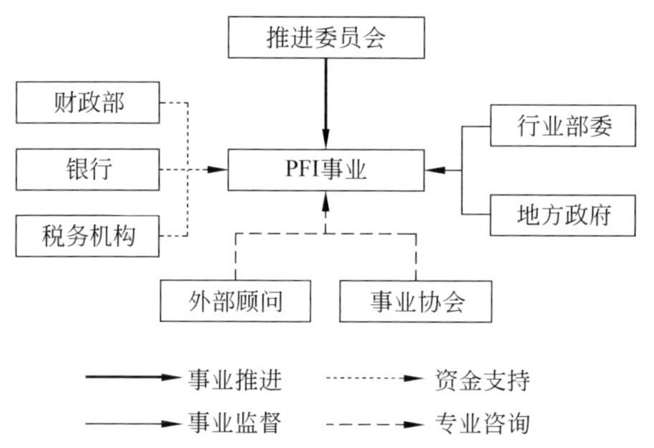

图 3-3 日本 PPP/PFI 项目的政府管理体系

资料来源：胡振，刘华，牛德华. 日本 PFI 事业发展及政府管制问题研究[J]. 建筑经济，2007(6)：110-112.

1. PFI 推进委员会

根据《PFI 推进法》第 21 条，1999 年日本内阁设立了 PFI 推进委员会，秘书处设在内阁府民间资金促进公共设施推进室（简称 PFI 推进室）。该组织是日

① 中国环保网. PPP 模式在日本的发展及启示[EB/OL]. (2014-06-20)[2018-01-24]. http://www.chinaenvironment.com/view/ViewNews.aspx? k=20140620145623375.

本推进PPP/PFI项目的唯一官方机构,其发布资料及数据具有较高的权威性。委员会的委员和专家均需获得首相任命,负责调查PPP/PFI项目实施情况,并向首相提出建议。

(1) PFI推进会议

事务范围:制定基本方针的方案;利用民间资金进行公共设施整顿等措施,进而调整行政机关间的关系;审议利用民间资金进行公共设施整顿等措施的重要事项,并推进相关政策的实施。PFI推进会议拟制作基本方针的方案时,应事先与各部委长官协商一致,同时听取民间资金利用项目推进委员会的意见。

组织结构:PFI推进会议由会长及委员组成。其中会长由内阁总理大臣担任,委员由内阁总理大臣指定会长以外的国务大臣担任。PFI推进会议的组织及运营相关的必要事项由政令规定。

(2) PFI推进委员会

事务范围:PFI推进委员会除审议本法规定其权限内的事项外,还应调查审议实施方针的制定状况、PPP/PFI项目的选定状况、PPP/PFI项目的客观评价状况、利用民间资金进行公共设施整顿的实施状况等。

PFI推进委员会的具体职责可以概括为以下六个方面[①]:

1) 对日本PPP/PFI项目的实施情况和私营部门的意见进行调查、研究和审议,对于适合采用PPP/PFI模式的项目,向内阁总理大臣或相关行政长官提出建议,促进和协调国家的PPP/PFI项目发展。

2) 协助政府收集国内外PPP/PFI项目资料,如PPP/PFI实施情况、法律制度、税收政策等,加强PPP/PFI宣传,提高国民对PPP/PFI模式的认知,并为PPP/PFI项目参与者提供便利。

3) 为了促进PPP/PFI项目的顺利推广,在为内阁总理大臣建言献策的同时,PFI推进委员会还需为负责PPP/PFI项目的机构提供建议。

4) 倾听私营部门的意见和建议,并将有用的信息及时反馈给内阁总理大臣或有关行政长官。

5) 负责宣传PFI推进委员会的活动,加深国民对PPP/PFI项目的了解,并协助政府宣传。

---

① 内阁府官网. PFI推進委員会の概要. [2018-01-24]. http://www8.cao.go.jp/pfi/iinkai/gaiyou/gaiyou.html.

6）在调研的基础上，对收集到的 PPP/PFI 项目信息进行研究和讨论，通过协调各方，促进 PPP/PFI 项目的顺利开展。

组织结构：由内阁总理大臣从经验学识丰富者中任命 9 名作为 PFI 推进委员会的委员。在调查审议专门事项时，可以在委员会中设置专门委员，必要时可以设置部门会议。以上组织及运营相关的必要事项由政令规定。

具体措施：PFI 推进委员会在私营部门提出国家公共设施整顿的相关建议时，可以向内阁总理大臣或相关行政机关的长官陈述意见。内阁总理大臣或相关行政机关的长官在收到意见时，应向 PFI 推进委员会及时反馈应采取的措施。为保证其管理的事务顺利实施，PFI 推进委员会可以要求相关行政机关的长官、相关地方政府的长官或相关团体提交资料、公开陈述意见、进行说明等必要协助，同时 PFI 推进委员会也应公示已收集的资料等。

由于地方政府对 PPP/PFI 项目理解不足，缺乏经验，影响了 PPP 模式的推广，为解决这一课题，日本 PFI 推进委员会在全国各地区建立了"区域平台"，促进 PPP/PFI 模式的有效运用。如图 3-4 所示，针对日本 PPP/PFI 项目发展面临的课题，"区域平台"将其职能主要定位为以下几个方面：推进 PPP/PFI 模式的普及和启发，促进人才培养，加强信息交流，拓宽信息传播渠道，搭建官民对话平台等。"区域平台"以 PPP/PFI 项目为服务对象，通过推进机构设置、项目建设和后期运营等方面提供综合性培训，主要服务内容包括：通过案例研究和学习 PPP/PFI 项目经验，提升地方私营部门的竞争力，构建跨行业网络体系，提供 PPP/PFI 项目官民对话平台，完善民间提案试点等。通过这种方式，地方企业、金融机构和地方自治团体可以聚集在一起，共同学习 PPP/PFI 经验和经典案例，促进 PPP/PFI 参与主体的能力提升。2016 年对日本 13 家地方企业的调查结果显示，通过开展"区域平台"，人们对 PPP/PFI 的理解认知度提高到 85%，参与度达 62%。①

此外，2016 年 5 月 18 日，PFI 推进委员会制定了"PPP/PFI 推进行动计划"（《PPP/PFI 推進アクションプラン》）。该计划指出，地区经济的繁荣发展为企业创造了良好的市场环境和商业机会，也为 PPP/PFI 的应用提供了广阔空间。通过进一步推进"区域平台"建设，加强地区间 PPP/PFI 项目合作、人才交流与培训，丰富官民对话渠道，利用平台建立民间提议讨论机制，提升 PPP/PFI 项

① 内閣府国土交通省. PPP/PFI 地域プラットフォーム 運用マニュアル.（2017-03-10）. http://www8.cao.go.jp/pfi/pfi_jouhou/platform/pdf/unyo_manual_1.pdf.

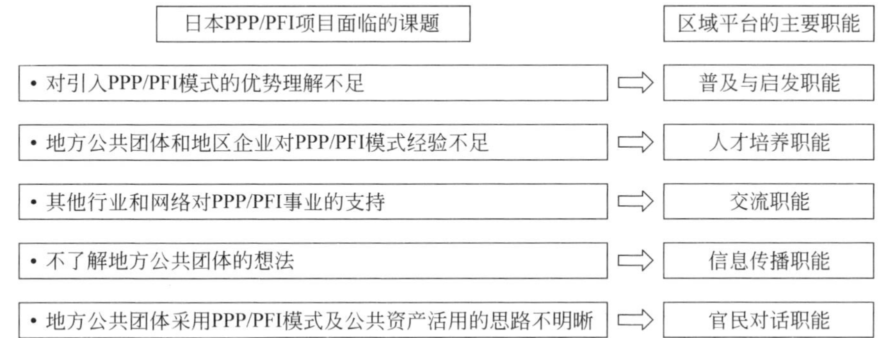

图3-4 区域平台的主要职能

资料来源：内閣府国土交通省. PPP/PFI 地域プラットフォーム 運用マニュアル.(2017-3). http://www8.cao.go.jp/pfi/pfi_jouhou/platform/pdf/unyo_manual_1.pdf.

目私营部门的提案质量。另外，在已建成“区域平台”的地方，政府将继续落实和完善制度框架，坚持长期指导，并积极开展对成功案例的推广工作。根据计划内容，截至2018年年底，预计将以人口在20万以上的地方政府为中心，在全国建立47个“区域平台”。①

2. 日本PFI/PPP协会②

1999年9月2日，为了推进政府和私营部门在公共设施方面的合作，日本设立了PFI/PPP协会，该协会属于非营利性组织。

日本PFI/PPP协会主要职责包括：①为政府提供PPP/PFI政策建议；②帮助政府和私营部门正确理解和把握PPP/PFI模式的操作流程；③积极开展PPP/PFI培训活动。该协会的具体业务内容包括：开展PPP/PFI项目业务培训、教育和资格认定工作；为日本政府开展PPP/PFI项目献言献策；收集国内外PPP/PFI项目相关信息，进行PPP/PFI国外信息维护和国外项目调查，持续追踪PPP/PFI项目进程；负责PPP/PFI书籍出版和视频规划；提供PPP/PFI咨询，推进PPP/PFI项目实施等。

为了推进PPP/PFI项目的开展，日本PFI/PPP协会设立了“PPP/PFI通

① PFI推进委员会. PPP/PFI推進アクションプラン.(2016-05-18)[2018-01-25]. http://www8.cao.go.jp/pfi/pfi_jouhou/platform/pdf/shien_platform_h28.pdf.

② 日本PFI·PPP协会网站. 日本PFI·PPP協会概要.[2018-01-24]. http://www.pfikyokai.or.jp/outline/.

信教育课程”，主要针对当地政府官员提供培训，通过这种方式，让每一位 PPP/PFI 工作人员都能够熟练掌握 PPP/PFI 模式的操作流程，降低前期准备成本。在提供政策建议过程中，日本 PFI/PPP 协会充分利用国内外金融界和学术界的人力资源，为 PPP/PFI 项目提供雄厚的智力支撑。同时，日本 PPP/PFI 协会还建设了一个全国性的 PPP/PFI 网络，方便不同地区间 PPP/PFI 项目的学习与沟通，实现资源共享。

3. 亚洲 PPP 政策研究会

经济产业省①在 2008 年成立了亚洲 PPP 政策研究会，主要负责开展针对 PPP 发展现状的调研工作，树立 PPP 项目典型案例，分享 PPP 技术和经验，调动民间资金参与 PPP 项目的热情与积极性，充分发挥私营部门在资金、技术、效率等方面的比较优势，缓解政府投资公共设施的财政压力，进一步推进公共设施的建设和东亚经济发展。同时，在成立之初，特别强调了 PPP 模式在推进铁路、供水、电力等领域将发挥巨大作用。此外，日本政府希望通过成立亚洲 PPP 政策研究会，推进世界银行、亚洲开发银行和各国援助机构在促进经济发展过程中资金援助。②

4. 东洋大学 PPP 研究中心

（1）首个 PPP 硕士学位

2006 年，日本东洋大学在经济学研究生院(Graduate School of Economics)设置了第一个专门从事公私合作(PPP)研究的硕士学位，并开设了公私合作伙伴关系相关课程，主要负责研究政府、私人和公民合作，寻求解决地区问题的方法。东洋大学经济学研究生院公私合作专业开设了三门专业课程：①“城市管理”课程，学习地方财政、公共设施管理等方面的公共管理政策；②“PPP 商务”课程，综合学习 PPP/PFI 业务、城市建设等以民间、市民为主体的 PPP 项目，在开展 PPP 方法和商业模式理论学习的同时，注重提升学生对 PPP 案例的分析和研究能力，加强 PPP 理论和实务的有机结合；③“世界 PPP”课程，学习亚洲、

① 经济产业省隶属于日本中央政府，主要负责日本经济和工业发展，围绕日本产业政策、通商政策、产业技术和贸易等，提升民间经济活力，保障能源和矿产资源的有效供给，促进对外经济关系的平稳发展，从而确保日本经济的快速稳定发展。

② 经济产业省网站. アジアPPP 政策研究会(第 1 回)-議事要旨. (2008-12-22)[2018-01-24]. http://www.meti.go.jp/committee/summary/0004549/index01.html.

非洲等新兴国家在整顿和建设基础设施过程中的法律、制度以及PPP项目成果，同时邀请国外教师专门授课，让学生掌握PPP领域的先进知识。同时，学院还开设了互联网授课，帮助感兴趣的学生和市民随时参加PPP学习。对有志向并且有能力通过PPP研究解决经济社会问题而且有所贡献的学生，学院将授予"研究伙伴资格"。该资格是目前日本关于PPP的唯一资格认证。但是，作为"研究伙伴"，这些学生同时要承担一定的责任，除了每年至少发表一项研究成果外，还需参加东洋大学PPP研究中心组织的PPP研讨会和编书等活动，时间允许，还要参加研究中心和地方政府等开展的实地调研活动。① 通过多年发展，东洋大学向社会输送了大量的PPP专业人才，这些毕业生在促进日本PPP项目发展中扮演了核心角色。

（2）东洋大学PPP研究中心（Research Center for Public/Private Partnership Toyo University）

2008年，题为"PPP振兴区域经济研究基地（设置最优RFP的理论研究）"的研究计划被日本教育部评为战略研究基金会支持项目。基于此，日本东洋大学设立了PPP研究中心。该中心作为"PPP振兴区域经济研究基地"的研究据点，主要负责协助研究和设计最适合政府、私营部门和公众的建议提案（Request for Proposal，RFP），举办PPP论坛，提供PPP顾问咨询服务，并负责传播PPP研究成果，纪要编辑和编制PPP出版物等工作，主要信息传播方式包括PPP白皮书、杂志和邮件、PPP相关书籍以及提供PPP链接等服务。

该研究中心接受地方自治团体等机构的委托，开展实践调研，负责研究日本PPP模式支援公共设施建设相关课题，曾受托制作了公共设施建设白皮书、制订和校对了公共设施综合管理计划等。其中公共设施综合管理计划制定了日本基础设施建设、更新和维护等方面的基本方针，特别是通过PPP模式加强基础设施供给。该计划在形成网络化公共设施、完善标准规则、提升方案评估的客观性等方面做了大量指导性工作。②

此外，《东洋大学PPP研究中心纪要》（http://www.toyo.ac.jp/site/

① 中国环保网. PPP模式在日本的发展及启示[EB/OL].（2014-06-20）[2018-01-24]. http://www.chinaenvironment.com/view/ViewNews.aspx? k=20140620145623375.

② 東洋大学PPP研究センター. 公共施設等総合管理計画策定のための標準的なモデルの提案.（2015-01-07）[2018-01-24]. http://www.toyo.ac.jp/uploaded/attachment/14366.pdf.

pppc/rc-bulletin.html)——ISSN 2186—0017(纸质媒体) 和 ISSN 2189—5457(电子媒体)，是日本唯一一家专门从事公私合作的报纸杂志，其宗旨是通过开展PPP研究工作，传播和加深社会对公私合作伙伴关系的理解和认知。该杂志每年出版一期，自2010年开始创刊，至今已出版七期，在普及PPP知识方面发挥了重要作用。

与此同时，东洋大学PPP研究中心还特别注重与国外研究机构在PPP案例研究等领域的合作，将国际PPP的成功经验引入日本。该中心曾代表日本参加了一系列由欧洲经济委员会(United Nations Economic Commission for Europe，UNECE)和世界银行(World Bank)主办的国际PPP研讨会，并访问美国、英国、法国和西班牙等国家，交流PPP经验。此外，东洋大学与美国PPP协会(NcPPP)每年举办一届“日美PPP论坛”。

另外，东洋大学PPP研究中心自2008年成立以来，每年负责组织编写日本PPP白皮书，传播PPP的新动态、发展趋势以及相关课题。PPP白皮书中对日本PPP经典案例进行了详细介绍，并由专家对案例进行点评和分析。最新版的PPP白皮书为《公民連携白書》，[①]该白皮书主要介绍了日本发展PPP项目的当前背景，如人口减少、公共设施和公共房地产有待更新、联合会可持续发展战略等，以及在此特殊背景下，日本需充分发挥PPP模式的优势，建立紧凑型城市。同时对近年来PPP政策的发展进行了简要介绍，并重点展望了PPP发展趋势。这些研究成果主要针对日本国内城市，仅在日本出版。

5. 亚洲PPP研究所(Asia Public/Private Partnership Institute)

2011年，日本成立了亚洲公私合作伙伴关系研究所(APPPI)，该研究所由日本东洋大学前任校长石川庆雄和马来西亚前任总理马哈蒂尔·穆罕默德担任名誉顾问。APPPI的宗旨是帮助亚洲国家的地方政府，特别是东南亚地区的地方政府，通过PPP模式促进当地城市的区域发展和地区经济增长。APPPI开展的主要活动包括以下几项内容：举办针对亚洲国家地方政府官员的短期PPP研讨会，在亚洲国家实施区域发展支持计划(Regional Development Support Programme，RDSP)，建立标准的PPP教学材料作为教育工具，传播亚

① 東洋大学PPP研究センター. 公民連携白書2016—2017[EB/OL]. (2016-10)[2018-01-24]. http://www.toyo.ac.jp/site/pppc/313568.html.

洲地区的 PPP 概念和理论。

6. 民间咨询机构

伴随日本 PPP/PFI 事业的发展和政府的鼓励，日本涌现一批拥有丰富专业知识的民间咨询公司，为日本 PPP/PFI 事业提供工程建设项目管理和项目咨询管理等专业化服务，如三菱综合研究所、都市经济研究所、佐藤综合计划等。在 PPP/PFI 项目可行性研究的调查阶段，发起机构会委托管理顾问公司对该项目条件和发展前景进行评估；通过可行性研究后，为保证参与人员对 PPP/PFI 事业的了解和把握，发起机构会聘请专家举办 PPP/PFI 培训班；在项目的实施阶段，管理顾问机构也充当了重要角色，对 PPP/PFI 项目的实施提供指导，与此同时，发起机构还会聘请专家对该 PPP/PFI 项目进行监督和评价。通过全流程的咨询服务，实现 PPP/PFI 项目的专业化、规范化的管理和运行。此外，通常情况下针对 PPP/PFI 项目不同阶段的咨询服务，发起机构会聘请不同的顾问公司或专家。①

3.3　2016 版《PFI 推进法》

健全的法律制度是 PPP/PFI 事业赖以发展的基础，也是增强私营部门参与 PPP/PFI 事业信心、降低项目风险、规范化管理的有效措施。PPP/PFI 模式在日本的成功发展，与日本政府的支持和推动密不可分。特别是日本政府通过完善 PPP/PFI 立法的方式推动了公共事业向私营部门的开放。1999 年，日本政府正式颁布了《关于充分利用民间资金促进公共设施等建设的法律》(也称《PFI 推进法》)，2001 年，日本政府通过了“骨太方针”，以政府文件的形式正式明确了“将私营部门可以承担的公共事业交由民间完成”这一重要的改革指导原则，在增加公共服务供给过程中，充分发挥市场机制优势；在随后的几年中，日本政府又相继颁布了公共服务改革的政策框架和推进 PPP/PFI 事业实施的五个“指南”，而且根据 PPP/PFI 事业的发展对《PFI 推进法》和“指南”的内容进行了多次修订。这些举措为日本 PPP/PFI 事业的推进与展开创造了良好的法律政策实施环境。2016 年，日本政府进一步修订、完善了《PFI 推进法》，将私营部门可以参与的行业领域进一步扩大，拓宽了 PPP/PFI 模式的适用范围。同

① 胡振，刘华，牛德华. 日本 PFI 事业发展及政府管制问题研究[J]. 建筑经济，2007(6)：110-112.

时强调最小化政府干预，理清政府和私营部门的权责和风险，为PPP/PFI模式的成功运用提供了法律依据。

本节对2016版《PFI推进法》进行详细的阐释，期望对中国PPP法律的建设有一定借鉴意义。日本《PFI推进法》核心内容包括总则、基本方针、特定项目[①]的实施细则、公共设施运营权的设定、对民间资金参与特定项目的优惠措施、对于选定项目的特别措施和民间资金利用项目推进会议等。

3.3.1 《PFI推进法》总则

1. 宗旨

《PFI推进法》在总则中特别指出，日本制定此法的主要目的是通过充分利用民间资金，发挥私营部门[②]在管理、技术、效率和服务等方面的比较优势，强化公共设施经营能力和技术水平整顿，提高私营部门利用效率，改善公共设施服务，从而确保国民可以获得物美价廉的产品和服务，促进日本国民经济的健康发展，进而减轻国家和地方政府在公共事业方面的财政负担，降低成本，为私营部门创造商机。

2. 适用范围

《PFI推进法》将公共设施涵盖的领域进行了细化，具体可见表3-3。

表3-3 《PFI推进法》规定的PFI模式适用领域

领　域	种　类
公共设施	道路、铁路、港口、机场、河流、公园、地下管廊、工业用水管道等
公用设施	政府大楼、宿舍等
公益设施	租赁住宅及教育文化设施、医疗、废物处理、社会福利、停车场、地下通道等
	信息通信、供暖、新能源、再利用设施（废物处理设施除外）
	观光及研究设施、船舶、航空器等运输设施及人造卫星（包括这些设施运行所必要的设施）

资料来源：根据《PFI推进法》整理。

① “特定项目”是指与公共设施整顿（指公共设施的建设、建造、修缮、维护、管理、运营或者规划等，包括面向国民提供的服务）相关的项目（包括市区重建项目、土地规划项目等其他市区开发项目），通过利用民间资金、经营能力及技术能力改善项目实施效率。

② 《PFI推进法》中对应的日语，应直译为“民间事业者”，即我们通常所说的社会资本方或私营部门，为便于读者理解，该书将其统一表述为私营部门。

3. 基本原则

《PFI推进法》指出日本政府在开展PPP/PFI项目时应该坚持以下两个基本原则：①鼓励民间资金参与公共设施项目。在推进公共设施项目时，注重提高财政资金的使用效率，合理分配国家、地方政府和私营部门的职责，发挥各自的比较优势。在条件允许的情况下，通过项目收益支付相关费用，积极鼓励民间资金参与公共设施项目，推进PPP/PFI模式的开展。②最小化政府干预。对于特定项目的管理，要明确国家和地方政府的责任，以为国民提供低廉且优质的服务为项目宗旨，在确保收益的同时，最小化政府对地方政府和私营部门的干预，充分发挥私营部门在技术、经营和创新等方面的优势。

3.3.2 《PFI推进法》基本方针

日本《PFI推进法》从特定项目的选定、私营部门的遴选和财政支援等角度阐释了PPP/PFI项目操作的基本方针：①关于特定项目的选定，应确保公共设施的公共性和安全性，提高项目资金使用效率，减少行政干预，尊重私营部门的自主性，创造就业机会；②在开展私营部门的遴选工作时，应严格遵守公平、公开、竞争和透明的原则，尊重私营部门的自主创新能力；③政府给予的财政支援，应以现行制度为基准，或参照此标准。

与此同时，该法案特别注明了基本方针的具体适用范围，比如特定项目的选定；私营部门的募集、选定和提案；明确私营部门职责，确保项目合理、准确实施相关事项；公共设施运营权；法制、税收措施以及财政和金融支援相关事项等。

对于基本方针的具体方案，内阁总理大臣应征求内阁会议的决定，并根据决议内容，及时公示基本方针，同时送达各部委长官。地方政府，应在基本方针指导下，根据基本方针适用范围规定的基本事项，利用地方创新能力，为特定项目的顺利实施，采取必要的配套措施。

《PFI推进法》的基本方针明确了该法案颁布的根本目的和理念，理清了特定项目、公共设施管理者、私营部门运营权等关键内容。其中，从公共设施、公用设施和公益设施等角度阐释了可以开展PPP/PFI模式的项目领域，同时将特定项目环节细化为公共设施的设计、建筑、改建、维护、管理和营运，以及提供公共服务等。特别强调在开展PPP/PFI项目中的公开、公平、透明的原则，充分发挥私营部门的自主性、有效性和创新性等优势。此外，还明确说明了费率的制定与收取、标准契约中特定项目的起止日期、保证金的缴纳、私营部门和公共设施管理者的职责、土地使用、建设过程中注意事项等，该方针对于推进日本PPP/PFI事业发展具有较高的指导性和操作性。

3.3.3 《PFI推进法》关于PPP/PFI项目实施细则的规定

《PFI推进法》实施细则对PPP/PFI项目的实施方针、提案、特定项目的选定、无资质事由、评估、管理人、选定项目的具体实施以及预估公示等内容做了极为详细的阐释。《PFI推进法》制定了完善的PPP/PFI项目程序框架，具体可以概况为四个阶段：项目实施的决定、项目方式的确定、私营部门的选定和项目实施。具体框架如图3-5所示。

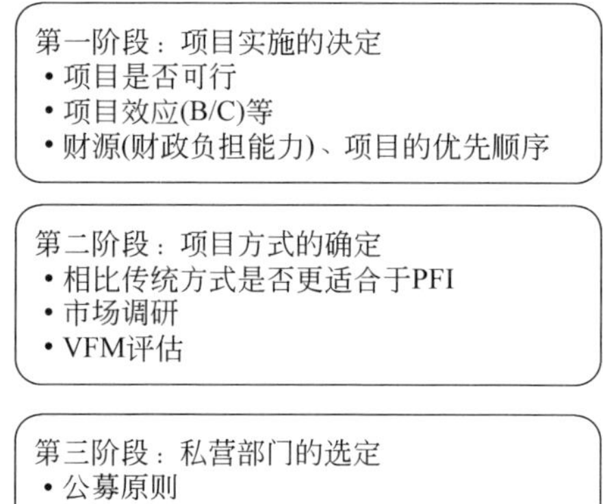

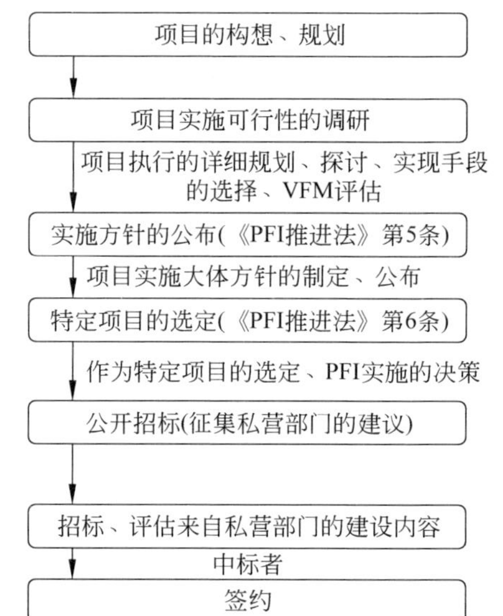

图3-5　日本PPP/PFI项目程序框架示意图

资料来源：张改平，李津京．日本PFI法吸引民资进入公共设施领域的分析[J]．综合运输，2013(10)：72-77.

第一阶段是项目的实施决策，主要判定项目是否可行、项目成本收益分析(B/C)、政府财政负担能力和项目的优先顺序等，需要完成项目的构想、规划和可行性调研等工作。

第二阶段确定项目的实施方式，与传统方式相比，该项目是否更适合采用

PPP/PFI模式，开展市场调研并进行VFM评估。根据《PFI推进法》第5条和第6条的规定，政府需要发布实施方针，并公示特定项目的选定情况。

第三阶段是完成私营部门的选定，在公开招标的原则下，采用综合评估方式，对项目的价格和非价格因素进行综合考量。

第四阶段是项目的实施，签订合同，对项目设计、建设、维护、管理和运营等环节进行分工，尤其是政府部门需要做好项目的全生命周期的监测。

此外，在《PFI推进法》的特定项目实施细则部分，还特别强调了项目的实施方针提案、技术提案和预估公示的注意事项。

1. 制定实施方针的提案

在日本，对于拟实施特定项目的私营部门，在项目前期要制作专门的项目实施方案，并提交政府实施机构。实施方案应该具体包括该特定项目的方案、与特定项目的效果和效率评价结果相关的文件，以及其他内阁府令中规定的文件。公共设施管理者在收到私营部门的提案后，应尽快对该提案进行商讨，并及时将其结果通知该私营部门。

2. 技术提案

公共设施管理者针对符合要求的私营部门进行招募之前，需要求意向人提交关于特定项目的技术或创造发明相关的提案(以下简称"技术提案")。与此同时，公共设施管理者针对技术提案进行合理审查及评价。在对特定项目评价过程中，要严格遵循公平、公正、客观的原则，充分发挥私营部门的技术、运营、资源和创造能力等，将提供产品的价格和服务质量作为重要的评价指标。

3. 预估公示

公共设施管理者应根据内阁府令的规定，公示每年度实施方针的预估事项。如果出现预估事项变更，公共设施管理者也需将变更后的事项加以公示。公共设施管理者在签订项目合同时，应及时公示项目合同的内容。但是公示内容限于公共设施的名称、布局、中标者[①]的商号或名称、公共设施整顿、合同期间、项目面对困难的应对措施等事项，以及内阁府令规定的其他事项。此外，地方政府也有对项目进行公示的义务，如公示实施方针的预估及与项目合同内容

① 根据《PFI推进法》中日语，应直译为选定事业者，为便于读者理解，将其表述为中标者。

相关的信息。

3.3.4 《PFI 推进法》关于公共设施运营权的规定

公共设施的运营权属于物权，除适用于《PFI 推进法》规定外，还适用于日本不动产法中的相关规定。公共设施的运营权，除作为法人及其他的一般承继、让予、滞纳处分、强制执行、临时扣押、暂时处分及抵押权的标的之外，不得变为权利的标的。《PFI 推进法》对于公共设施运营权的具体履行过程有明确的规定。

公共设施管理者在拟选定公共设施运营者时，应规定以下具体事项，如公共设施运营的主要目的和内容、运营权的存续期间、公共设施管理者向公共设施运营人征收的费用以及履行运营权合同中拟约定的事项。关于公共设施使用费用，公共设施运营权人可以通过收取使用费方式作为其收入来源，而且使用费的多少可以由公共设施运营权人规定。但是，公共设施运营权人应事先将该使用费向公共设施管理者人进行备案。

1. 公共设施运营权的合同签订

具有公共设施运营权的法人，在开始运营公共设施之前，应遵照基本方针，根据内阁府令的规定，与公共设施管理者签订合同（以下简称"公共设施运营权实施合同"）。合同包括以下事项：

公共设施运营方法；

公共设施运营过程中遇到困难时采取的具体措施；

规定公共设施使用条款，应注明办理手续及公示方法；

派遣职员从事公共设施运营工作时的具体业务内容和相关必要事项；

内阁府令规定的其他事项。

根据内阁府令的规定，公共设施管理者与公共设施运营人签订合同时，应及时公示行使公共设施运营权合同的相关内容。地方政府还可以公示除该项规定事项以外的与公共设施运营权实施合同相关的信息，但前提是不得违反条例中的规定。

2. 公共设施运营权的处置限制

日本《PFI 推进法》特别规定公共设施运营权不得分立或合并，而且，未经公共设施管理者许可不得转让公共设施运营权。

首先，为保障公共设施运营的安全稳定，公共设施管理者在拟许可公共设施运营权时，应符合以下两个标准：①公共设施运营权转让的受让方必须符合《PFI 推进法》中"实施 PPP/PFI 项目私营部门"的相关规定；②公共设施运营权转让应按照实施方针合理进行。针对地方政府的长官作为公共设施管理者的项目，在拟许可公共设施运营权时，应事先经过议会决议。

其次，登记抵押权的公共设施运营权，未经其抵押权人的同意不得放弃。未获得许可或批准的公共设施运营权，进行转让或放弃的，权利不发生效力。

3. 公共设施运营权的撤销

当出现法案规定的以下情形时，公共设施管理者可以撤销其公共设施运营权，或责令其停止行使。如公共设施运营权人通过伪造等不法行为成为公共设施运营权人，公共设施运营权人不符合《PFI 推进法》中关于"实施 PPP/PFI 项目私营部门"的规定，公共设施运营权人无法实施公共设施运营事业等。但是，公共设施管理者在拟责令停止公共设施运营权人行使运营权时，应举行听证会。对于公共设施管理者拟撤销登记抵押权的公共设施运营权时，应事先通知与该抵押权相关的抵押权人。如果公共设施管理者已丧失对公共设施的所有权，应解除公共设施运营权。

4. 公共设施运营人的补偿

公共设施管理者在撤销或停止行使公共设施的运营权时，通常应补偿公共设施运营权人或曾为公共设施运营权人(以下仅指"公共设施运营权人")所遭受的损失。公共设施管理者应与公共设施运营权人商讨损失补偿事宜。如果未进行补偿事宜商讨，公共设施管理者应向公共设施运营权人支付运营权人估算的金额。如果公共设施运营权人对补偿金额存有异议，在其收到决定通知之日起 6 个月内，可以通过诉讼请求增加金额。如果被撤销的公共设施运营权上设有抵押权时，除该抵押权的抵押权人申请不保全外，公共设施管理者应保全其补偿金。如果是由于公共设施运营权人的原因而造成公共设施管理者撤销或停止行使运营权时，可以要求产生该后果的人员承担全部或部分的补偿金额。

3.3.5 《PFI 推进法》关于民间资金参与 PPP/PFI 项目的优惠措施

由于日本政府和地方政府面临严峻财政状况，在公共设施的建设和修缮过程中，充分利用民间资金、经营能力及技术能力显得越发重要。日本政府针对

PPP/PFI 项目或支援特定项目的人员设立了“民间资金利用项目推进机构股份公司”（SPC），该公司的经营目标主要是通过金融机构向私营部门提供资金支持，促进 PPP/PFI 项目在资本市场上的资金筹措，为 PPP/PFI 项目提供知识、信息和资金方面的支持，最终推进国家 PPP/PFI 项目的进程。

1. 民间资金利用项目推进机构股份公司（SPC）

“民间资金利用事业推进机构股份公司”（以下简称“特殊目的公司”）就是我们通常所说的特殊目的公司（SPC）。对于每一个具体项目，该特殊目的公司最多只能设立一个。根据规定，作为政府和私营部门合作的基础，政府应始终持有公司已发行总股份的二分之一以上。这样一方面可以缓解私营部门的融资压力，另一方面可以保证政府对公司和项目的控制权。此外，该公司在募集股份、新股预约权和公司债的认购者，或者开展换股、发行公司债和新股等借入资金的活动时，应获得内阁总理大臣的批准。法案同时规定，公司在发行股份时，应及时向内阁总理大臣进行备案。在必要的情况下，政府可以在规定的预算金额内向机构出资。

与此同时，在特殊目的公司的章程中应记载以下事项：设立公司时发行的股份数量、认缴金额（指设立时与发行股份进行交换时的认缴金额或支付的现金以外的财产金额）、政府接受拨款时发行的股份数量、《公司法》规定应记载或记录的事项、设置董事会及监事、因业务完成而解散等事项。

2. 民间资金利用项目支援委员会

特殊目的公司应设置民间资金利用项目支援委员会（以下简称“支援委员会”）。该支援委员会有权作出如下决定：①决定法令规定的特定项目支援私营部门及该特定项目支援的内容；②决定机构持有私营部门的相关股份或债权的转让及其他处分；③《公司法》规定的由董事会决议委任的事项。

在组织架构方面，该支援委员会需根据董事会决议确定，并经内阁总理大臣批准，由 3 名以上 7 名以下董事组成。同时，支援委员会设委员长，由委员互相选举确定，负责统一管理支援委员会的会务。

在运营方面，该支援委员会由委员长召集，且在委员长及三分之二以上的现任委员出席时才能召开并作出决议。支援委员会的决议需经出席委员的过半数通过（当赞同票与反对票数量相同时，由委员长决定）。支援委员会决议后，选定委员应将决议内容制作成会议记录，并及时报告董事会。

3. 特殊目的公司的业务和相关制度

（1）业务范围

特殊目的公司为达成设立目的应经营以下业务：①向私营部门出资，其中私营部门可以是根据合伙协议成立的合伙人、投资事业有限责任合伙人或者基于国外法律法规设立的类似合伙团体；②向私营部门认购基金、贷款、购买私营部门发行的有价证券、取得私营部门的金融债权及私营部门持有的金融债权；③向制定或拟制定实施方案的公共设施管理者、实施或拟实施特定项目的私营部门派遣专家提供建议和指导；④转让或者以其他方式处分持有的股份、新股预约权、份额或者有价证券；⑤债权的管理、转让及其他处分；⑥为完成前面各项业务的必要调查、附带业务，以及为达成机构目的所开展的其他必要业务。

（2）PPP/PFI 推进机构支援的制度要求

内阁总理大臣在听取主管大臣的意见后，制定支援对象的具体标准；机构决定是否进行特定项目支援时，应事先通知内阁总理大臣，确定一个合适的评审期限，让内阁总理大臣对特定项目的收益及相关公共设施的运营计划进行测评并提出意见。然后，机构据此针对特定项目和私营部门的实际需求提供支援，同时将支援情况进行公示，保证支援的公平、透明和合理性。

如果支援对象不实施已选定的项目，或者在经营过程中出现破产、重组等情况时，该项支援决议可以撤销。此外，机构决定转让或者处分持有私营部门相关股份或债权时，应事先通知内阁总理大臣。

（3）机构信息和财务要求

为促进特定项目顺利实施，机构应向内阁总理大臣提供有助于推进特定项目的具体信息。与此同时，内阁总理大臣及与特定项目主管大臣，应根据机构提供的信息，与机构通力合作，共同促进特定项目的顺利实施。

机构在年初应向内阁总理大臣提交年度预算，该预算需涵盖该年度的项目计划、资金投资计划等相关文件，并需获得内阁总理大臣的批准。其中，机构对剩余资金的分配及其他对剩余资金处分的决议，如未经内阁总理大臣批准，不发生效力。此外，机构应于每个事业年度结束后 3 个月内，将该事业年度的资产负债表、损益表以及事业报告书提交给内阁总理大臣。

此外，内阁总理大臣对该机构负有监督检查的义务和责任，可以要求机构报告其业务，或要求其职员进入机构的营业所、事务所及其他办公场所检查账簿、文件及其他物品。而且内阁总理大臣应对机构每个事业年度的业绩成果进行评价，并及时通知机构评价结果，同时将该结果予以公示。

3.3.6 《PFI推进法》对于选定项目的特别政策

为保证选定项目顺利实施，国家与地方政府在行政财产贷放、贷款等方面给予中标者更优惠的政策和支援措施。

1. 贷放政策优惠

国家或者地方政府，为了发展特定项目，尽管有相关法律条文约束，还是可以向中标者提供适当的资本配置行政财如土地、完善配套设施等；国家或者地方政府，在开展选定项目期间，可以使中标者无偿或以低于市场价的报价使用国有财产；在预算范围内，对于选定项目中被认为具有高公共性的部分，国家可以提供无息贷款。

国家或地方政府为实施选定项目，在努力确保必要的资金筹措或融资的同时，应在法令范围内对地方债给予特殊关注。中标者为了顺利取得或使用用于特定项目的土地，应关注《土地征用法》中的相关规定等。

2. 支援及规制措施

国家及地方政府为促进特定项目的实施，在采取必要的法律及税收手段的同时，应向中标者进行必要的财政及金融上的支援。在实施支援措施时应注意到，要根据公共设施的特性、项目的实施场所进行灵活而有弹性的计划，并且充分发挥地方政府及公共法人的主体性；国家及地方政府在对私营部门进行技术援助的同时，应特别关注私营部门对专利等技术的利用，对于一些妨碍私营部门技术利用及创造力充分发挥的规制，应对其废止或及时放宽。

3. 合作

国家、地方政府以及私营部门，为促进特定项目的顺利实施，应通过调整合作体系等方式保证各方合作顺利。国家及地方政府在特定项目开展中进行知识普及和信息提供时，应获得居民的理解、同意及协助。

此外，日本政府及地方政府为使特定项目顺利且高效地实施，应努力增加职员的派遣以及其他适当人文援助。根据相关法律，保障国家派遣职员、地方派遣职员作为公共实施运营人的基本权利,如补贴、休假、出勤时间等。

3.4 其他适用PPP/PFI的管理制度

日本各个行业法规都明确规定了公共设施设立和维护管理的责任主体。日本政府规定,在没有特殊规定的情况下,行业法和普通法的规定同样适用于PPP/PFI项目。如图3-6所示。日本将各行业法律细分为涉及个别公物管理法和不涉及个别公共管理法两个领域。其中,在涉及个别公物管理法领域,根据是否限制准入对象,又被细分为三类:管理者仅限于公共主体的领域;原则上为自治体,但允许民间资本进入的领域;无准入限制、无官民区别的领域。在各细分公共设施领域,都有专门的法律加以规制。在不涉及个别公物管理法的领域,日本地方自治法第244条,通过引入制定管理者制度,使得私营部门可以接受委托管理公共设施。总体而言,日本政府对私营部门的准入限制在不断放松。

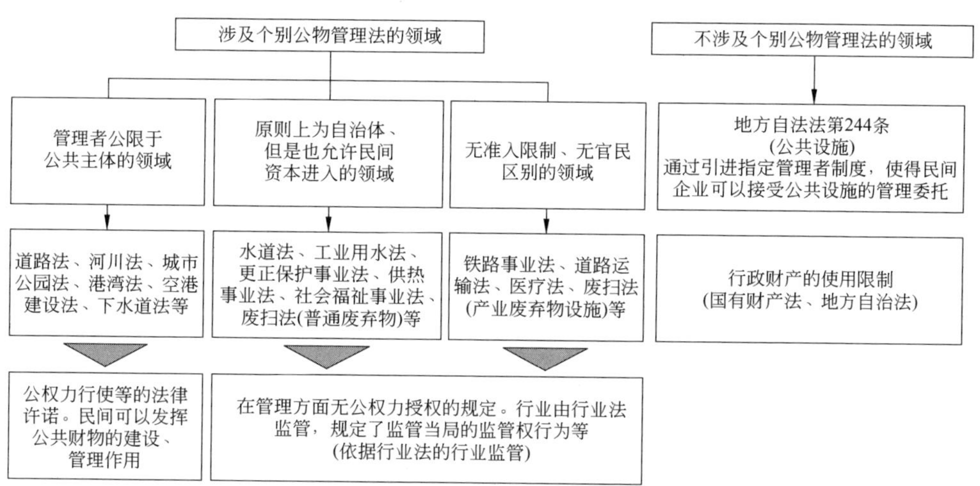

图3-6 日本主要公共财物管理制度

资料来源:美原融. PFI/PPP在日本的实践与所面临的课题.(2016-11-11)[2018-01-24]. 第21届中日民商事法研讨会.

第4章 日本 PPP/PFI 项目主要实施指南解读

日本政府在推进 PPP/PFI 制度框架构建方面，不仅从国家层面提供了足够的政策支持，形成全国性法律《PFI 推进法》，更重要的是针对 PPP/PFI 事业不同流程对制度框架进行了细化和分类，从 PPP/PFI 事业流程、评估、风险分担到监督等多方面都进行了规范。如 PFI 推进会议将制度的宗旨、程序的概要、合同书的主要规定内容和留意点等相关的业务指导方针汇总成指南并进行公布。经过多年的发展，日本已形成了完善的 PPP/PFI 项目指南体系，如《PFI 项目实施程序指南》《PFI 项目风险分担指南》《VFM 指南》《合同指南（项目示范合同）》《监督指南》和《公共设施运营权以及公共设施运营事业指南》，这些指南成为指导日本政府和各部门开展 PPP/PFI 事业的重要依据。在指南形成后，日本还制定各类规则并对外公布。通过建立标准化的制度体系，日本 PPP/PFI 实现了有法可依、有章可循，通过简化项目流程，推进民间提案进程，实现典型案例的示范效应，完善 PPP/PFI 引进规程，同时建立了服务地方政府的数据库。如图 4-1 所示。日本政府通过政府补贴等方式向相关 PPP/PFI 项目管

PFI项目实施程序指南
PFI项目风险分担指南
VFM(Value for Money)指南
合同指南(项目示范合同)
监督指南
公共设施等运营权以及公共设施运营事业指南

⇨

简化程序规则
民间提案推进规则
先行案例集
PFI事业引进规程
服务于地方公共团体的数据库

⇩

国家向积极进行信息公开、项目形成的相关管理者等提供财政支持(政府补贴)
地方公共团体等的管理者也在网上公开包括具体项目合同信息的全部信息，有效促进知识的共享和标准化的实现

图 4-1　日本 PPP/PFI 项目实施细则

资料来源：美原融. PFI/PPP 在日本的实践与所面临的课题. 第 21 届中日民商事法研讨会.

理者提供财政支持,与此同时,地方政府的管理者也十分注重信息的透明化,在网站上公开包括项目合同内容的全部信息,有效地促进了PPP/PFI知识的共享和标准化。下文对日本PPP/PFI项目主要的实施指南进行重点解读。

4.1 《PFI项目实施程序指南》

为规范民间资金参与公共设施的建设和维护等环节,2001年1月,日本正式出台了《PFI项目实施程序指南》。该指南对PPP/PFI项目实施流程确立了一系列的实践准则,旨在通过建立标准化流程,指导PPP/PFI项目规范化发展和全面实施。该指南对PPP/PFI项目选择、私营部门遴选和项目实施三个阶段进行了规范,具体又可以细化为七个环节。见图4-2。

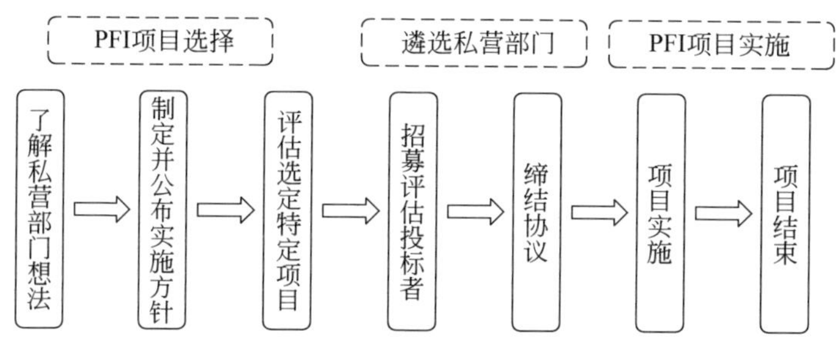

图4-2 PPP/PFI项目实施程序

资料来源:美原融.PFI/PPP在日本的实践与所面临的课题.第21届中日民商事法研讨会.

PPP/PFI实施七个环节:

(1)了解私营部门的想法。PPP/PFI模式是公共设施建设、维护等服务供给的实施方案之一,项目是否适合采用PPP/PFI模式,需要进行可行性研究,斟酌项目与PPP/PFI模式的匹配程度。在这一环节,私营部门应积极提交项目提案,然后由公共设施管理者对提案进行评价,选择最合适采用PPP/PFI模式的项目。

(2)实施方针的制定与公布。在公平、公开、透明的原则下,应该制定前期实施方针并对外公布。私营部门需要考虑实施方针的具体性和研究内容的详细化程度,并在整个过程中逐步完善。对于私营部门参与公共设施管理、维护、运营等工作中可以获得的补助金、贷款等内容也应该明确。

(3)特定项目的评估、选择和公布。评估采用PPP/PFI模式实施特定项目的效率，并对政府财政的负担能力进行评估，如果定量评估难度较大，需确保定性评价的客观性。同时对评估结果进行公开，保持透明性。

(4) 私营部门的招募、评估、选择和公布。坚持竞争性原则，确保程序的透明性，充分发挥私营部门的创新能力，听取私营部门的建议。在考虑价格因素的同时，对私营部门要进行"综合评价"，确保评价标准的客观性。重视招标流程和信息的公开对称。最后，需将评选结果加以公示。

(5) 协议的缔结。协议中需明确当事人的权利与义务，加强公共服务质量监督；及时汇报项目实施状况和财务状况；出现问题时，需提交第三方调查报告；确保项目安全和对环境的保护，在允许的范围内，政府可以进行干预；明确风险分担方式。

(6) 项目的实施。遵从协议规定实施具体项目，公共设施管理者加强监督。为更好地实现对项目的监督，首先，中标者需定期提交项目实施情况报告；其次，定期提交经注册会计师审计的财务状况报告书，对于项目实施过程中可能产生重大恶劣影响的事项，需由第三方介入调查，并提交调查报告。同时，需将以上监督结果向公众公开，确保项目实施的透明度。

(7) 项目结束。在项目结束前，政府部门与私营部门需对土地和资产管理等内容事先加以规定，减少后期的资产管理纠纷和风险。

其中，环节(1)至环节(3)是项目选择阶段，环节(4)和环节(5)是私营部门的遴选阶段，环节(6)和环节(7)是项目实施阶段。从整个流程不难看出，日本的《PFI 项目实施程序指南》中，几乎每个环节都强调信息公开和透明，这为 PPP/PFI 项目的顺利开展奠定了良好的基础。

4.2 《PFI 项目风险分担指南》

《PFI 项目风险分担指南》是日本开展 PPP/PFI 项目过程实务性的指导文件，提供了商榷 PPP/PFI 项目风险分担的注意事项。该文件从风险分担的基本注意事项、具体风险评析和其他注意事项三个方面对 PPP/PFI 项目过程的风险问题进行了详细阐释。

4.2.1 风险分担的基本注意事项

由于风险本身具有极大的不确定性，任何项目在签署协议或者合同时，都无法全面预测项目周期中可能发生的事故、需求波动、自然灾害、物价上涨等潜在的风险因素。当这些情况发生时，项目成本和项目收益都将受到影响。因此，关于 PPP/PFI 项目的风险分担，基本原则是：首先公共部门和中标者尽可能明确可以预想到的风险，然后让“最具备管理风险能力的人承担该风险”，最后对于风险发生导致的追加成本问题，双方需尽可能清楚、具体、明确地规定承担办法。

不同的 PPP/PFI 招标项目会有不同的风险，在商榷风险分担办法时，应注意根据每个招标项目内容进行评价和讨论。另外，讨论可以通过采取合理的经济手段减轻乃至消除风险的应对措施时，应注意在协议中尽可能具体、明确地规定范围及内容。此外，还应注意协议当事人的风险分担对策对招标项目的资金调配成本的影响，在考虑经济合理性的基础上，对内容予以合理、明确的规定。

当中标者是由国家或地方政府出资或担当筹款的法人代表(包括该法人代表的出资或担当筹款的法人代表)时，公共部门有必要向中标者及其他利害关系者，详细明确地阐明业务的责任分担及风险分担的内容，格外注意确保整体的透明性。

在商榷风险分担时，除了要参照公共部门和中标者的工作任务分担，还需注意以下几点：

(1) 尽可能全面预测和掌握实施该 PPP/PFI 项目所产生的风险及其原因。

(2) 风险评估：①提炼并尽可能量化出现风险时所需的追加成本；②如果难以量化，则应就该风险对招标项目产生的影响进行定性分析，就其严重程度进行评估；③确认是否存在可以通过采取合理的经济手段减轻乃至消除风险，并预估减轻或消除风险所需费用的金额。

(3) 风险分担者：在研究公共部门和中标者的风险应对能力和成本控制能力的基础上，根据发生风险时是否需要对其问责，确定由哪一方承担风险。其评价指标为：①可以用更少的费用防止风险出现的应对能力；②极有可能出现风险时，尽可能压缩追加成本的应对能力。

(4) 风险的分担方法。关于风险分担办法，主要存在以下几种方案：①由公共部门或中标者的某一方全权负责；②双方按照一定比例负责(可以按照不同阶段划分不同比例)；③在一定额度内由某一方全权负责，超过该额度后按照方法①或者方法②来承担；④在一定额度内由双方按一定比例分担，超过该额度后按照方法①承担。

在商榷出现风险时需追加成本的分担办法时，还应考虑承担风险的一方在出现风险时支付追加成本的承受能力，根据每个风险的情况进行具体分析。

4.2.2 PPP/PFI项目主要风险及注意事项

针对PPP/PFI项目的不同阶段，该法案提出了几个比较重要的风险，供PPP/PFI项目合同参与方在明确风险和设计风险分担方式时予以参考。

1. 调查、设计风险

(1) 如果PPP/PFI项目中包含测量、地质调查、设计等（以下统称为“设计等”）环节时，该项目可能存在“设计等完工延期”“设计等经费超额”“设计等成品存在问题”等情况。其中，“设计等完工延期”指无法在协议规定的设计期限内完工、完成设计等，进而出现延期现象。“设计等经费超额”指完成设计等实际所需费用超过协议规定的经费额度。由于招标及竞标过程中的现场说明不充分，有可能导致设计费用、施工费用等超过预定额度。为了减轻此类风险，公共部门应该在该过程中对私营部门就招标项目进行充分说明。

此外，在PPP/PFI项目运行期间，发生公共设施所有权转移时，由于调查结果的瑕疵或者设计成品的瑕疵会对项目的设计、建设、维护、管理和运营等各后续阶段造成影响，所以建议在确定中标者修补瑕疵、赔偿损害有效期限的同时，还要提前商定后续阶段修补瑕疵所需时间的应对措施，并在协议中予以明确规定。

(2) 公共部门应根据各招标项目，在尽量不干涉中标者的同时，在协议中明确规定中标者的权利义务，并按照公共部门对所涉及招标项目的影响程度，商榷公共部门需要承担的风险。

在运营开始前，发生预期的设计等项目延期或设计等经费超额情况，如果根据中标者的应对能力，能通过自主开展工作减轻对招标项目整体的影响，应允许其运作。此时公共部门应注意超额费用的承担、延期造成的损害赔偿等，以及详细报告索取、指示不合理等情况。不过，即使发生上述情况，也应根据业务的分担注明费用的分担。

在常规公共项目采用的设计业务等委托合同中，会在图纸、工序说明书、施工说明书、施工说明答疑等书面文字中规定自然或人为的履行条件。如果发生实际情况与书面条款不同情况等，或是委托方因某种原因需要更改这些书面条款，应根据需求变更履行期限或项目委托款。如果给中标者造成损失，委托方应该承担相应费用。

即使招标项目中不包含设计等业务，也可能因为公共部门设计等的延误、设计等成品的谬误或遗漏，导致建设、维护、管理运营的各阶段出现延误、中断或必要费用超额。因此，应事先商榷对应措施、弥补方法、损失赔偿的申请期限，以及针对因弥补问题增加的时间，后续阶段应采取的对策等，并将以上内容在协议等文件中加以注明。

(3) 办理环境导致评估所需手续烦琐、时间漫长，或者虽然手续结果存在很大的不确定性，可能导致公共设施内容发生巨大变更，但是这些手续办理又是实施项目所必需的，当出现上述任意一种情况时，可能会引发设计变更、必要项目用地变更等，对招标项目施工造成影响，所以建议提前商榷公共部门和中标者应该在多长的时间范围内完成该手续，以及出现延期或公共设施内容发生变化时应该采取的应对措施，并在协议中加以注明。

2. 用地风险

如果招标项目中部分存在或全程包含公共设施用地的获取工作、施工时所需用地临时使用权的获取等工作、项目用地保障工作时，可能会发生用地保障工作出现延误或费用超额的情况。

即使招标项目中不存在项目用地等保障工作，也可能会因为项目用地等的保障工作延误、项目用地等的变更，导致设计、施工、维护、管理、运营各个阶段被迫中断、延误，并导致所需费用超额。

因此，关于项目用地的保障工作，建议提前商榷以下内容：由公共部门和中标者的哪一方负责，出现延误或施工用地变更时所采取的应对措施，并在协议等中加以注明。

3. 建设风险

如果 PPP/PFI 项目中包含建设活动时，需考虑发生“工期延误”“项目费用超额”“给项目相关第三方造成损害”“竣工后存在问题”等主要情况。

(1) 工期延误具体存在多种情况，包括中标者不合理的项目管理造成的延误、公共部门因某种事由更改设计等造成的延误、该公共部门或其他部门管辖的与该项目密切相关的设施建设延误造成该项目延误、即使协议双方采取了合理措施仍无法规避且无法归责于任意一方的不可抗力因素导致的延误等。如果发生工期延误，中标者可能需要负担追加的劳务成本、贷款利息增加引发的损失等，而公共部门则可能需要负担因订购替代服务等引发的损失。另外，有必要在协议中达成以下共识，即当中标者宣告公共设施建设完工时，如果设备、机器的试运行结果显示该公共设施的状态未达到协议或工序说明书等所规定的公共服务水平，项目属于尚未完工，工期延续到修补工作结束。

(2) 项目费用超额指因为各种原因无法在当初协议等所约定的费用额度内完成项目而导致项目费用超额。比如，为了缩短部分工期而必须增加的费用支出、因为设计变更导致建材等变更所增加的费用支出、主要建材价格上涨导致的费用支出增加。

(3) 招标项目施工中发生公共设施所有权转交公共部门的情况时，因为公共设施存在的问题会对设施的维护、管理、运营造成影响，所以在规定向中标者申请问题修补、损害赔偿有效期限的同时，还应提前商榷针对修补问题所需时间的应对措施，并在协议等中加以注明。

(4) 关于常规公共项目中所采用的项目委托合同，有以下几种案例需要注意：

如果给施工涉及的第三方造成损害，原则上由中标者对该第三方进行赔付。但是如果由于委托方的指示、委托方负责的借贷品的性状等缘故、施工中通常无法避免的噪音和震动及地下水的枯竭等，而给第三方造成损害的，原则上由委托方承担赔付。

关于项目主体、施工材料所产生的损害，以及其他施工中所产生的一般损害（不包括对第三方的损害及不可抗力因素导致的损害），除去因委托方致使的损害外，其他皆由中标者负担。

委托者为项目主体、施工材料购买火灾保险等。在常规公共项目所使用的项目承包合同中，会在对图纸、工序说明书、施工说明书、施工说明答疑等书面文字中规定自然或人为的履行条件。如果发生实际情况与书面条款不同，因某种原因委托方需要更改书面协议时，需要考虑根据需要变更履行期限、项目委托款，以及给中标者造成损失时所需承担的费用问题。

即使是公共部门对现存设施进行维修后再将其租赁给中标者，或是招标项目中不包含建设环节，也可能因为公共部门借贷的延误、该设施存在的谬误或遗漏，导致维护管理运营的各阶段出现延误、中断或必要费用超额。因此不仅要确定关于延误的应对措施、对公共部门问题修补、损失赔偿的申请期限，还要提前商榷后续阶段应对修补问题所增加时间的措施，并在协议等中加以注明。

4. 维护管理运营风险

当 PPP/PFI 项目包括维护、管理、运营环节时，需考虑“运营延迟开始”“公共服务利用率异于先前的设想”“维护管理运营中断”“设施受损”“维护管理运营中出现事故”“技术革新”“维修问题”等情况。

(1) 运营延迟开始

前期阶段设计、用地保障工作、施工延误会导致运营延期，中标者为提供公共服务所需的准备工作延误会导致运营延期，开始提供公共服务前所需手续办理工作延误会导致运营延期。因此，建议事先商榷延期的应对措施，并在协议中加以注明。

(2) 公共服务利用率异于先前的设想

公共服务利用率与当初设想不同引发的相关风险，存在以下多种情况：因为社会经济状况改变，招标项目所提供的公共服务的必要性降低，实际利用率低于当初的设想；因为已有同类型服务导致招标项目所提供的公共服务的实际利用率低于当初的设想。因此，在协议中规定中标者的收入(公共部门向中标者支付的服务费、中标者自行收取的使用费等)时，应该考虑是否存在对公共服务使用者收取服务费等情况，并根据各招标项目的具体情况商榷对应措施，提前商榷公共服务利用率与设想不符时风险分担的合理方法。

如果招标项目中包含运营环节，因为公共部门向中标者支付服务费、中标者自行收取使用费的收取方法等，会决定公共部门和中标者的风险分担，所以必须对此进行商榷。

公共部门向中标者支付服务费的支付方法存在以下几种方案(关于各方案，可以分时间或分阶段变更固定金额或单价等)。

① 一定的固定金额(比如，在招标项目的所有必要费用中，建设成本初期投资占比大，而运营所需费用占比小)。

② 一定的单价乘以公共服务利用率得出的金额(比如，在招标项目的全部必要费用中，运营所需费用占比大)。

③ 一定的固定金额加上基于公共服务利用率的浮动金额得出的金额（比如，招标项目整体所需费用高、初期投资金额高、运营所需费用高，且利用率受时间影响大）。

方案①，虽然公共服务利用率不与收入挂钩，但需注意同时切断与未来增加费用的联动关系。方案②，收入根据利用率可能会大幅波动，需要注意利用率高时可以抵消单价构成因素的变动，或是通过调整单价消化利用率的变动，即单价和利用率是可以保持平衡的。

(3) 维护管理运营中断

维护管理运营中断导致相关风险出现时，存在以下多种情况：实际保养检修等所需次数、时间超过当初根据该公共设施属性所设想的次数、时间。难以获取提供公共服务的必备原材料等。建议根据不同情况，提前商榷风险分担办法，并尽可能在协议中加以注明。关于维护管理运营中断，建议商讨确定协议中约定的业务是全部中断还是部分中断，以及中断期间的具体事务。维护管理运营中断，但中断责任难以归于中标者。建议提前商榷并尽可能在协议中加以注明，此种情况下，中断引发公共服务提供时间的缩短、公共部门在此期间向中标者应支付服务费等的支付方法、项目延期等问题的应对措施。

(4) 设施受损

设施损坏存下以下多种情况：设施建设时存在问题导致损坏；设施管理存在问题导致损坏；第三者不当行为导致损坏。

建议在综合考虑修复设施所需资金额度、责任归属、担责方的追加成本承受能力等的基础上，根据具体情况提前商榷分担方案，并尽可能在协议中加以注明。如果设施受损，除了设施的修复费，还会产生设置修复完毕前代为提供公共服务的临时设施所需费用、中断服务期间收益损失等。关于设施受损，因为可能会给使用公共服务的第三方造成损害，在这种情况下，建议综合考虑中标者和公共部门的责任归属、负担能力，提前商榷分担方案，并尽可能在协议等中加以注明。

(5) 维护管理运营中出现事故

维护管理运营相关事故存在以下多种情况：设施建设问题造成的事故；设施管理问题造成的事故；运营本身造成的事故。

建议在综合考虑第三方所需赔偿金额度、责任归属、担责方的追加成本承受能力的基础上，根据具体情况提前商榷分担方案，并尽可能在协议中加以注明。如果是设施建设问题造成的事故，因为完善设施会产生费用支出，所以建议提前商榷分担方案，并尽可能在协议文件中加以注明。如果是运营本身造成的事故，则需考虑招标项目产品存在问题而造成的事故、公共部门寄存的物品遭到损毁或丢失等情况。

(6) 技术革新

发生技术革新相关风险时，存在以下情况：

① 在签署协议时，可以预想经过一段时间后，公共设施建设时采用的技术落后过时。虽然在协议中规定了技术更替费用、部分设施设备变更费用，但是实际费用超出设想额度。

② 签署协议时未曾设想的技术革新使得公共设施建设时采用的技术落后过时，失去高效性、竞争性等。为了继续招标项目，需要采用新技术，由此产生新增建设等投资。

建议酌情考虑设施设备等更新所需资金额度，根据具体情况提前商榷包括费用分担在内的措施，并尽可能在协议中加以注明。虽然发生了当初签署协议时未曾设想的技术革新，使得该公共设施建设中采用的技术不再是最新技术，但是设施仍保持效率、具有竞争性，可以继续为社会提供服务，设施设备的部分更新并非势在必行。

如果发生第二情况，还有可能导致该公共设施维修零件供给停止、与该公共设施提供的公共服务紧密相关的第三方服务终止等。如果招标项目为长期性项目，可能难以在签署协议时估算发生第二情况时追加的投资额度，所以建议提前在协议中明确规定发生第二情况时双方的协商手续、第三方专家的调查及其费用的承担等必要事项。

在考虑公共设施部分设施设备更新所需资金额度时，除了追加投资所需的资金之外，还应考虑追加投资后，效率提高后维护运营成本降低的金额，对该设施设备等更新换代后招标项目全体当事人的负担进行比较考量。

(7) 维修问题

由于公共设施的维修等可能会对第三方造成损害，或维修部分存在问题，建议按照施工时对第三方造成损害、设施出现问题时的处理方式，在协议中提前规定应对措施。

5. 项目结束阶段的风险

招标项目结束时，存在中标者将公共设施所有权转让给公共部门或撤走公共设施并恢复原状两种情况。据此，即使事先在协议中明确规定了长期性招标项目结束运营时的维修费用及拆除复原费用的具体金额，因为项目结束时该公共设施周边状况、涉及拆除的规章制度，可能导致实际花费超出预想，因此建议在协议中考虑规定在项目结束前的一个时间段内完成维修费用、拆除复原费用的商榷工作。

如果项目结束时，拆除公共设施并恢复原貌属于中标者的职责，建议在协议中注明这属于中标者完成解散、清算手续前在整个招标项目中的债务。

因为公共设施本身及该公共设施设计成果属于著作权法规定的著作作品，建议在协议中提前注明针对著作权法规定的作者权益（作者人格权及著作权）的处理办法。如果中标者为了承包项目委托第三方进行设计，建议协议当事人与拥有著作权的第三方另寻途径达成合意。在这些情况下，请注意公共设施所有权转让时间、招标项目运营期间的增建改建等。

6. 各阶段共通的相关风险

（1）不可抗力因素

不可抗力因素指与协议当事方无关、外部发生的客观情况，且即使采用一切通识的预防方法也无法防止其发生。因为无法归责于公共部门或中标者任意一方的自然灾害等不可抗力因素，导致比如发生调研阶段临时建筑等的损坏、建设阶段项目主体的损坏、维护管理运营阶段设施的损坏，或是设计、用地保障、施工的各个阶段出现中断、延误，或是各阶段所需费用超额，等等。无论在设计、用地保障、施工、维护管理运营的任一阶段，都会对招标项目的推进造成影响，应该提前商榷增加支出的分担方案、项目的延期，并尽可能在协议中加以注明。

为了避免根据协议支付追加成本时发生争论，建议尽可能在协议中注明自然灾害等的具体标准、负担对象的范围、保险等补充赔付对策、累计损害对策、损害的通知确认等手续。

近年来，除了火灾保险、地震保险之外，市场上还出现了天气保险等。伴随保险金融技术的发展、市场的完善等，风险减轻的可能性逐渐提高，因此建议以更开阔的视野讨论适宜当时情况的风险减轻措施。另外，为了避免因不可抗力因素而产生的追加成本金额引发矛盾，公共部门应该提前在协议中，要求中标者出示完成支付的保险证券等。

在常规公共项目采用的项目承包合同中，在项目交付使用前，因为自然灾害等（如果在设计图纸中注明了标准，则仅限超过该标准的情况）无法归责于委托方或中标私营承包方任意一方的原因（称为“不可抗力因素”），导致项目主体受到损害（不包括承包方非故意懈怠防范工作所造成的损害、根据设计图纸中规定部分购买的保险所获得的补偿部分），此时在该损失额及处理该损失所需费用总额中，委托者将负担超过工费的金额。

（2）物价浮动、利息浮动、汇率浮动、税制变更等

物价浮动、利息浮动、汇率浮动、税制变更可能会导致中标者成本增加、收入减少。建议在综合上述变动等对招标项目影响程度的基础上，提前商榷分担方案，并尽可能在协议中加以注明。

1）为了避免就是否发生协议中规定的导致成本增加的物价浮动而发生争论，建议事先在协议中注明协议当事人认可的物价水平标准、利息标准、汇率标准。

2）对招标项目的影响程度，建议根据构成每个招标项目成本的主要因素（比如主要的建材成本、人力成本、运营所需燃料费等），具体分析物价、利息、汇率等何种因素会对该招标项目造成严重影响。

3）当前，私营部门可以通过利率互换（短期浮动利率与长期固定利率的互换交易）、购买利率差（短期浮动利率的上限设定交易）减轻利率浮动带来的风险，或通过购买汇率预约服务（按照当前货币汇率完成外币预定）、货币选择服务（买进或卖出保持固定标准货币汇率的权利）减轻汇率浮动带来的风险。但是在当前情况下，公共部门需要注意私营部门难以在 10～15 年长期按照固定利率调动资金，上述交易也存在交易规模等限制，且具体条件因私营部门的信誉存在差异。另外，如果是长期性招标项目，应注意金融机构经营状况的调整，可能导致项目主体减轻风险应对措施的效力降低。

4）在常规公共项目采用项目承包合同中，自签署合同日的 12 个月之后，因租金或物价浮动导致出现变更承包价的申请时，在剩余项目款（从承包款中除去申请变更时已完工部分的相应项目款后剩余的项目款部分）和变动后剩余项目款（以变动后的租金或物价的标准计算的剩余项目款部分）的差额中，由委托

方承担超过剩余项目款的金额。另外存在先例规定了以下情况的对应措施，即如果发生不以一定时间期限为条件的紧急通货膨胀时，虽然一般租金、物价没有变化，但是主要施工建材价格发生显著变化。

（3）设施建设标准、管理标准等相关法令的变更等

如果该公共设施的建设标准、管理标准是依照法规制定的，随着该标准的变更，设计、用地保障、施工、维护管理运营的各阶段可能出现中断或延误，各阶段所需费用可能超额。因此，建议提前商榷该标准变更时公共部门和中标者针对各阶段分别应该采取的措施，并在协议中加以注明。

（4）施工许可的获取等

开始施工或运营前法律规定的手续完成延误或更新延误，或手续结果导致需要更改公共设施的内容，或开始施工或运营前跟当地相关人士的交涉等尚未完成，或该交涉结果导致需要更改公共设施的内容。上述某种原因可能导致设计、用地保障、施工、维护管理运营的各阶段中断、延期，或是各阶段所需费用超额。因此，建议提前商榷每一阶段的所需手续等是否必要、由公共部门还是中标者负责履行该手续、针对延期或公共设施内容变更而应采取的措施，并在协议中加以注明。

4.2.3 其他注意事项

（1）如果招标项目部分或全程包含设计、用地保障、施工、维护管理运营的长期性项目，公共部门应该尊重私营部门的创意匠心和自主性，尽可能减少对私营部门的干涉，留意与之前公共部门在建设公共设施时采用的承包合同、委托合同中的风险分担相异的条款，然后再来商榷招标项目的风险分担办法。每个招标项目的风险存在差异，应该根据各个招标项目的具体情况，对其内容进行评估、讨论。虽然在“商定风险分担时的风险要素及注意事项等”部分提供了之前公共项目中风险分担的案例，需要注意的是，这只是为计划开展 PPP/PFI 项目的公共部门提供讨论素材，并非原则。

（2）在基于法律的策划规定、公布的实施方针中，如果需要展示关于公共部门和私营部门的业务责任分担、可预见风险及关于其分担的基本思考，应注意该实施方针的相关特定项目风险分担会因为互相竞争的私营部门的合理提案出现不同，建议根据市场调查等，按照需求，在合适的期限之前完成内容的详细

化或变更。

在制定、公布实施方针时，出现无法预计其发生概率且无法设想其影响的不确定因素。

情况一：参加了招标、定标所有活动但没有中标的私营部门参加招标等活动所需费用，或公共部门没有选中任何私营部门时整个招标活动所需费用。

情况二：中标者因为某种原因最终没有签订合同，公共部门重新选定的中标者参加招标活动的费用以及公共部门组织招标活动所需费用。

虽然不确定因素引发的损失无法确定，但上述两种情况都会对各方造成损失。因此在实施方针中，根据需要事先明示由私营部门承担的费用项目，对私营部门也有益处。

(3) 如果中标者除了中标项目外还参与了其他项目，因为其参与的其他项目伴随的风险可能给中标项目相关的公共服务提供造成影响，为了避免或尽可能减轻其影响，应注意在协议中进行必要的注明，并在考虑经济合理性基础上商榷必要措施。

根据招标项目的情况，在考虑经济合理性的基础上，可以采取让新设立的法人参与实施招标项目、确保各项目在财务上相互独立等措施。如果中标者为新立法人，为了消除对于其参与项目的担忧，建议在适当情况下，在考虑经济合理性的基础上，另寻途径达成一致的必要措施，以保证新立法人将合理正确地实施中标项目。

中标者同时设立私营部门盈利设施等附带设施，参与开展中标项目以外的其他项目时，不仅其他项目的风险可能会对中标项目相关公共服务提供造成影响，公共设施的损坏也有可能给附带设施造成影响。为此，建议尽量分离中标项目的相关风险与其他项目的相关风险，预估一方项目的风险给另一方项目造成的影响及其程度，提前商榷包括分担办法在内的应对措施，并在协议等中加以注明。

(4) 如果公共部门不是在中标者完成公共设施的建设后支付费用，而是运营开始后以服务费等方式支付费用，公共部门应注意根据招标项目的规模，中标者可能需要调动大量民间资本。建议提前商榷资金调配困难时中标者和公共部门应当采取的措施，并尽可能具体且明确地在协议中加以注明。

(5) 公共部门应在尽可能不干涉中标者的前提下与之达成合意，要求对方在协议中注明当由公共部门承担的风险出现或即将出现时,应迅速以实况报告书等形式告知公共部门。

4.3 《物有所值(Value for Money,VFM)指南》

物有所值是衡量PPP项目性能的良好指标,实现物有所值最大化是PPP项目推进的核心目的,也是公共部门和私营部门基于PPP合同实现合作的基础。相比公共部门直接提供服务,私营部门参与公共设施建设、维护和运营等环节有利于提高项目效率,降低产品和服务的价格,而且在同等价格下可以提供更高质量的服务,同时可以减少公共开支,减轻政府压力。因此,很多国家都采用物有所值作为衡量PPP项目可行性的指示器。根据日本PPP/PFI协会2009年的统计数据,截至2008年12月,日本运行的207个PPP/PFI项目的物有所值结果均为正值,平均为22.38%,最大的VFM为63%,最低为1.8%。[①]

《物有所值指南》是日本贯彻PPP/PFI事业的重要指导方针之一。该指南清楚地界定了VFM评估中的关键问题,如VFM评估的时间、VFM评估的先决条件、相关成本的确定方法、风险分担和管理以及评估结果的公布等。

日本的物有所值评估由公共设施管理者决定,主要针对PSC(Public Sector Comparator)和LCC(Life Cycle Cost)两个指标进行比较,选择两者中成本较低者。其中,PSC指的是公共设施由公共部门实施的情况下,项目执行期间政府财政应负担预估支出的折现值,主要包括初期的设计建设费、维护管理运营费、利息支出和风险管理费四个部分;LCC指的是以PPP/PFI模式实施的情况下,整个项目执行期间政府财政负担预估支出的折现值,如与设计建设费、项目执行期的维护管理运营费、利息、利润分红和风险管理费等项目相关的所有费用。如果测算结果显示LCC小于PSC,该项目采用PPP/PFI模式是具有可行性的,否则该公共设施依然应该由政府直接供给。式(1)和式(2)是具体计算方法,其中式(1)显示的是通过采用PPP/PFI模式可以实现的物有所值绝对值,式(2)显示的是相对值,即成本降低率。

---

① Zhen Hu, Shu Chen, Xueqing Zhang. Value for money and its influential factors: an empirical study of PPP projects in Japan[J]. Built Environment Project and Asset Management. 2014,4(2): 166-179.

$$VFM = PSC - LCC \tag{1}$$

$$VFM = \frac{PSC - LCC}{LCC} \times 100\% \tag{2}$$

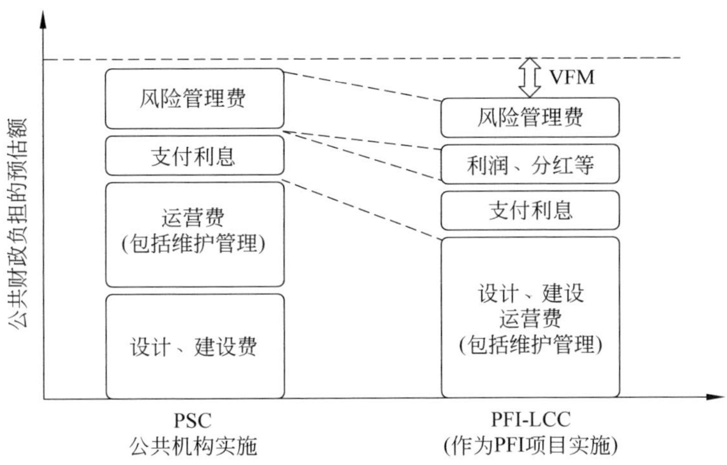

图 4-3　物有所值分析

资料来源：美原融. PFI/PPP 在日本的实践与所面临的课题. 第 21 届中日民商事法研讨会.

根据《物有所值指南》①的规定，政府部门在项目流程中需要进行两次 VFM 评估。第一次是前期评估或者初始评估，一般在项目遴选阶段开展。通常情况下，在决定采用 PPP 模式之前，政府部门需要委托专业咨询公司对项目的可行性进行调查，评估项目是否适合采用 PPP 模式。最终由咨询公司提交一份关于 VFM 评估的咨询报告。在项目决定采用 PPP 模式，通过竞争性流程选定项目公司，并在深入谈判的前提下签订项目开发协议之后，政府将进行第二次 VFM 评估。此时，政府通常设立一个由 5～9 名成员组成的特别评估委员会，对项目开展第二次评估。委员会成员通常由学者、专家、企业家和政府人员组成。与第二次评估相比，第一次评估比较保守，需要充分考虑各种风险和不利因素。因此，通常第一次评估得出的 VFM 值较低。表 4-1 为日本部分 PPP 项目两次 VFM 评估结果比较，可以看出，第一次的评估结果明显低于第二次。如果第一次评估的 VFM 结果为负值，意味着政府将采用传统的项目交付模式，放弃

① VFM(Value For Money)に関する ガイドライン.(2001-07)[2018-01-24]. http://www8.cao.go.jp/pfi/pfi_jouhou/tebiki/jitsumu/pdf/q2-21.pdf.

PPP。另外，相对于第一次评估，第二次评估的VFM值更客观、更准确，因为在签订项目协议之后，评估可以获得更多的项目信息，如投资规模、特许经营期限、政府财政补贴、政府购买价格和风险分担情况等。

此外，为了保证VFM评估的合理性和透明度，《物有所值指南》指出，日本政府不仅有义务公开VFM相关数据结果，同时还需要公开VFM评估的具体程序及核算方法，并履行向民众解释说明的义务。

表 4-1 两次 VFM 评估结果的比较

序号	项目名称	VFM/%	
		第一次评估	第二次评估
1	冈山的废热利用项目(Waste Heat Utilization Project in Okayama)	4.0	45.0
2	赤坂先生家旅馆(Mr Akasaka house hostel)	8.7	29.2
3	埼玉县职业学习中心(Saitama Career Learning Center)	6.4	28.0
4	熊本大学医学中心(Kumamoto University Medical Center)	8.0	33.0
5	千叶市大宫学校食堂(Omiya School Canteen, Chiba CIty)	11.0	24.4
6	立川宿舍(Tachikawa Quarters)	4.0	25.7
7	大久保水厂排水设施(Okubo Water Plant Drainage Facilities)	12.1	39.0
8	长野温泉设施(Nagano Hot Spring Facilities)	7.3	19.1
9	宫城野区文化馆(Miyagino District Cultural Center)	3.3	14.1
10	福井停车场(Fukui Parking Lot)	14.0	49.3

数据来源：Zhen Hu, Shu Chen, Xueqing Zhang. Value for money and its influential factors: an empirical study of PPP projects in Japan[J]. Built Environment Project and Asset Management. 2014,4(2): 166-179.

Zhen Hu等[①]对日本的207个PPP项目进行了统计分析，结果表明VFM主要与四个因素显著相关，分别为项目行业、项目盈利能力、项目独立性和投资规模。以下是几点主要结论：

① Zhen Hu, Shu Chen, Xueqing Zhang. Value for money and its influential factors: an empirical study of PPP projects in Japan[J]. Built Environment Project and Asset Management. 2014,4(2): 166-179.

(1) 由于不同行业的公共项目在垄断性方面存在较大差异，其排他性、竞争性、盈利能力等属性有所不同。因此，对于不同行业的项目，政府和私营部门的合作兴趣和意愿要求迥异。Zhen Hu 的研究显示，“教育与文化”“工业”和“政府事业”的 VFM 相对较低，分别为 20.4%、20.3% 和 20.4%。“城市建设”和“福利设施”的 VFM 相对较高，分别为 31.2% 和 30.6%。如果考虑子类别，拥有最低 VFM 的五个子类是“医院”“政府职员”“体育”“文化场所”和“净化水箱”，分别是 15.7%、17.4%、17.5%、18.1% 和 18.7%。五个拥有最高 VFM 的子类别是“停车设施”“废气热量利用”“排水设施”“福利设施”和“复杂设施”，分别为 48.7%、37.3%、31.5%、30.6% 和 28.2%。

(2) 统计显示，VFM 值与项目的盈利能力存在正相关关系，也就是说，PPP 项目的利润率越高，VFM 也将越高，反之亦然。一般来说，“教育”“文化”等行业具有较强的商业性质，但是由于政府对此类服务有严格限制，譬如设制学费上限，导致项目的非市场化运作，这样此类行业的 VFM 值相对较低。与此同时，可以采用市场运作的停车场，以及日本政府鼓励的废热利用、排水设施等项目，VFM 值通常相对较高。

(3) VFM 与项目的独立性也存在正相关关系。所谓独立性，指的是项目的生存并不依赖于某一个或几个特定客户对产品和服务的需求。例如停车场类 PPP 项目，市场上存在许多竞争性项目，但是停车场的独立性较强，并不依赖于某一客户，因此，该类项目的 VFM 较高。相反，有一些 PPP 项目依赖于某一具体的服务主体，如政府大楼，没有其他竞争性项目提供相同或相似的服务，政府也强烈地依赖于这些项目履行其公共职能。对于这种“依赖”性项目，政府通常需要提供较高的财务补偿或购买价格获得服务。因此，这类“依赖”项目的 VFM 往往相对较低。

(4) 投资规模作为项目规模的一个重要指标，直接影响项目提供的服务数量、质量和水平，以及项目的运营和维护等费用。政府和项目公司都非常重视投资规模，公共部门和私营部门的利润目标会随着投资规模的变化而变化。研究表明，投资规模较小的项目，其 VFM 值较高。样本统计显示，投资规模在 20 亿～40 亿日元的项目最多为 69 个，占比为 35.2%，实现 VFM 为 4.7%～63%；投资规模为 80 亿～100 亿日元的项目仅有 6 个，占比为 3.06%，而且 VFM 值均低于 40%。

4.4 《PFI 项目合同指南》[①]

与传统公共设施合同相比，PPP/PFI 项目合同具有长期性、复杂性等特点。PPP/PFI 项目合同通常存在多个参与主体，如公共设施管理者[②]（政府或其代表）、项目运营商、承包企业和金融机构等，他们中的双方或者多方针对某一PPP/PFI 项目可能签订多个合同，这些合同之间相互掣肘，任何一个合同出现问题或者纠纷，都可能对整个项目的开展造成不利影响。因此，PPP/PFI 合同的制定是整个项目的核心环节，是 PPP/PFI 项目参与者之间建立的长期的、具有约束力的合约关系，合理规范的项目合同是 PPP/PFI 项目持续稳定推进的前提条件。日本为此专门出台了《合同指南》，以期规范 PPP/PFI 项目，降低合同风险。值得注意的是，通常情况下，PPP/PFI 项目周期较长，期间存在诸多不确定性因素和非预期的波动，所以，项目合同不可能穷尽所有；而且每个项目都有其特殊性，《合同指南》应该是具有普适性特点的一个指导性文件，因此，《合同指南》主要对项目生命周期的不同阶段进行了规范。

首先，由于项目可能存在多种业务方案，为更好地指导项目合同，《合同指南》设置了如下几条假设：①在选择项目主办人时，严格遵循公开招标制度；②确定项目实施选取的中标财团；③财团可以投资设立新的股份有限公司（项目公司），如建筑公司，专门作为项目中标者；④中标者（项目公司）不能开展项目以外的其他业务；⑤公共设施管理者拥有的土地可以借给中标者使用，以便于从事选定项目；⑥中标者负责设施的设计、建设、维护和管理，这是最重要的一条假设前提；⑦中标者的主要融资方式是向金融机构贷款，由项目产生的现金流收入偿还贷款和支付利息，同时以项目资产作为抵押；⑧由政府实施机构支付业务“服务费”。

4.4.1 《合同指南》的主要内容

根据《合同指南》的要求，PPP/PFI 项目在签订项目合同时应涵盖以下六个

① 民間資金等活用事業推進委員会. 契約に関するガイドラインPFI 事業契約における留意事項について[EB/OL]. (2013-06-23)[2018-01-24]. http://www8.cao.go.jp/pfi/pfi_jouhou/tebiki/kiso/pdf/5-1.pdf.

② 公共设施管理者即政府或其代表，我国称之为政府实施机构。

部分，然后根据项目特殊性具体设计合同细节。

第一部分，PPP/PFI 项目全体事项，具体需涵盖合同目的、PPP/PFI 项目的目的、合同期限、项目日程、项目概要、规定适用范围、私营部门选择、国有土地贷款、回购等事项。

第二部分，设计和建设等事项，包括设计(提交设计书、由于法律法规变化引起的设计变更)、建设(建设、土地交付、各项调查、提交建设规划、第三方施工、施工监督设置、工期调整、第三方造成的损失、不可抗力造成的损失)、管理者确认事项(现场监督、竣工验收、维护和管理，确保安全的运营系统)、公共设施交付事项[公共设施交付(如 BOT 模式)、交付延期、公共设施的保修期]等。

第三部分，维护、管理和运营事项，如项目的具体实施、具体业务规范、业务报告、第三方造成的损失、不可抗力造成的损失、合同到期前检查等。

第四部分，服务费支付，例如项目服务费的支付方式、核算、降低和调整等。

第五部分，合同终止，包括公共设施管理者解除合同、运营商解除合同、不可抗力导致的合同终止、合同解除的效力、违约金、合同终止时的相关事宜。

第六部分，其他事项，包括私营部门的权利和义务、企业运营状况报告、犯罪指控、履约保证、保险责任、保密、异议磋商、不可抗力造成的损失等。

这是一份项目示范性合同文件，有利于政府和私营部门根据该指南的规定运作。

4.4.2 PPP/PFI 项目合同关系

根据 PPP/PFI 项目存在合同关系，《合同指南》对以下几个合同进行了规范，并绘制了合同关系架构图，如图 4-4 和图 4-5 所示。

1. PPP/PFI 合同

首先，管理者和中标者签订 PPP/PFI 合同。在该合同中，中标者需要对项目设计、建设、维护、管理和运营等环节进行阐释，同时说明筹集资金的方式；管理人员需要注明要求公共服务达到的水平、管理人员的义务等。

2. 基本协议

基本协议是管理人和中标财团签订的合同，主要用于规定管理人和财团的义务以及必要事项。同时，规范财团组建的股份有限公司的义务，如 PPP/PFI 项目的筹备和保管等事项。

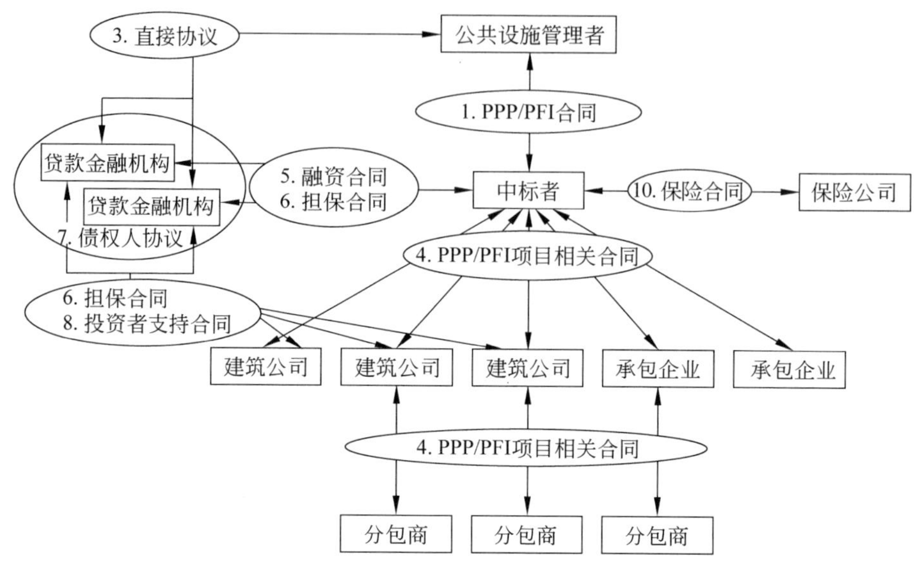

图 4-4　PPP/PFI 项目合同关系

资料来源：民間資金等活用事業推進委員会. 契約に関するガイドラインPFI 事業契約における留意事項について. (2013-06-23)[2018-03-08]. http://www8.cao.go.jp/pfi/pfi_jouhou/tebiki/kiso/pdf/5-1.pdf.

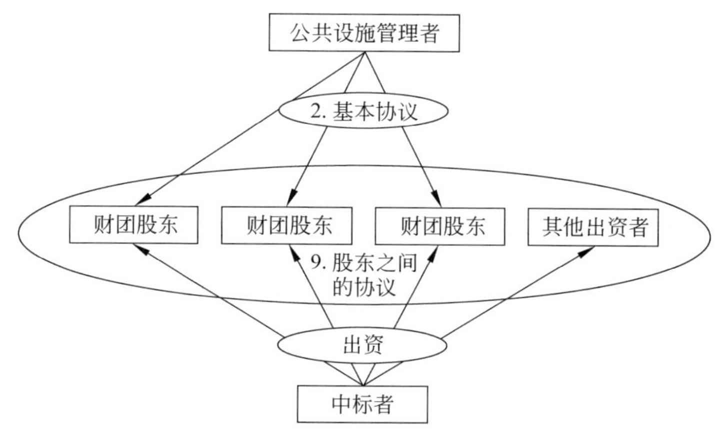

图 4-5　PPP/PFI 项目合同关系示例(侧重于基本协议)

资料来源：民間資金等活用事業推進委員会. 契約に関するガイドラインPFI 事業契約における留意事項について. (2013-06-23)[2018-03-08]. http://www8.cao.go.jp/pfi/pfi_jouhou/tebiki/kiso/pdf/5-1.pdf.

3. 直接协议(Direct Agreement)

直接协议指公共部门与贷款金融管理机构之间直接签订协议,以确保如果出现中标者开展招标项目存在困难等情况,提供资金的贷款金融管理机构可以在规定期限内保留解除与公共部门签署的 PPP/PFI 项目合约的权利,在一定程度上介入招标项目。此外,在直接协定中还应规定以下内容:发生项目未达标、期限利益丧失等合约规定情况时,双方有义务通知对方;公共部门承诺设定对中标者所发行的股票和拥有的资产的担保权等。

其中,期限利益指在有效期内未申请履行债务时当事人所获的利益。因为债权人信任债务人,并赋予其缓期履行债务的权力时,债务人才能拥有期限利益,故而也存在以下情况,即根据特别协定,如果债权人不再信任债务人,债务人将丧失期限利益,债权人可以主张期限到期要求立即履行债务。

4. PPP/PFI 项目相关合同

PPP/PFI 项目中标者根据设施的设计、建设、维护、管理和运营等业务,组建建筑公司或者委托第三方企业承包项目任务。为此,中标者会与建筑公司、承包企业以及分包商等签订多个项目合同,如业务委托合同、业务承包合同等。

5. 融资合同

融资合同是贷款金融机构向中标者提供贷款时,双方签订的合同,主要规定贷款协议、资金用途、贷款程序、贷款发放的前提条件、偿还本金、利息支付、拖欠费用、偿还方式、担保、借款人承诺以及还款期限等。

6. 担保合同

贷款金融机构为保障贷款资金安全,会与中标者签订担保合同。贷款金融机构对于担保物设置的担保,主要是希望中标者可以持续经营,而不是通过出售担保物收回贷款。其中,选定的担保物可以是中标者发行的股票或者资产等。

7. 债权人协议

如果贷款过程中涉及多个债权人,为了规范债权人之间的权利和义务,确定权利行使的决策方法以及担保权执行方式等内容,债权人之间也会签订相关合同。

8. 投资者支援合同

该合同是贷款金融机构与中标者的出资股东(财团)之间签订的,主要内容包括追加出资的义务、中标者的支援义务等。

9. 股东之间的协议

股东之间的协议是中标者的股东之间为规范项目的运营和责任分担等基本事项而签订的协议，主要用于规定股东间的出资比例、股份有限公司的设立目的和工作内容、股票转让限制和劣后贷款分担等事项。

10. 保险合同

由于PPP/PFI项目通常规模较大、生命周期长，中标者为分担风险、提高信用等级，通常会与保险公司签订保险合同。

4.5 《监督指南》[①]

《监督指南》是日本实施PPP/PFI项目实务的重要指南之一，重点阐述了在PPP/PFI项目实施监督过程中的注意事项，指导项目实施情况监督、项目调查监督、履约监督等，特别规范了监督的具体实施方法、私营部门无法提供适当的公共产品和服务时的应对措施和实施监督的测量指标等。该指南为日本的PPP/PFI项目监督活动提供了标准化指导，操作性极强。

4.5.1 监督的基本思想

PPP/PFI模式的宗旨是通过政府和私营部门合作，提升公共产品和服务的供给质量和效率，为国民提供低廉优质的服务。公共设施管理者通过竞争性招标的方式招募私营部门，私营部门提交项目实施提案，最终签订PPP/PFI项目合同，中标者依据合同要求承担义务。但是，为保证私营部门可以履约按时保质保量地提供公共产品，公共设施管理者应该加强监督。

公共设施管理者在监督PPP/PFI项目时应遵循以下基本原则：公共设施管理者在最低限度干预的情况下，监督私营部门行为，可以要求私营部门定期汇报项目实施情况、注册会计师审计的财务报告，如果PPP/PFI项目实施过程中出现重大负面影响，也需要提供报告，并提交第三方调查报告。在特殊情况

① 民間資金等活用事業推進委員会. モニタリングに関するガイドライン[EB/OL].(2003-06-23)[2018-01-24]. http://www8.cao.go.jp/pfi/pfi_jouhou/tebiki/jitsumu/pdf/q6-6.pdf.

下，为确保公共设施质量和顺利完成，公共设施管理者可以采取一定的救济措施。同时要特别加强对安全和环境保护的检查和监督，确保 PPP/PFI 项目在适当、合理的范围内推进。

图 4-6 为保障公共产品和服务水平的机制框架，首先由公共设施的管理人制定公共产品和服务的测量指标体系，然后根据该指标对私营部门提供的产品和服务水平进行测量和评价，并提出相应的费用分担方式。对于质量不达标的项目，私营部门要予以赔付，或者是政府扣减对企业的部分支付，同时要求企业在规定的期限内改善设备状况。特别是评估过程中出现持续不履行合同义务的情况下，公共设施管理者需要求企业及时纠正并进行通报，对于实在无法偿付债务的项目可以要求解除合同。

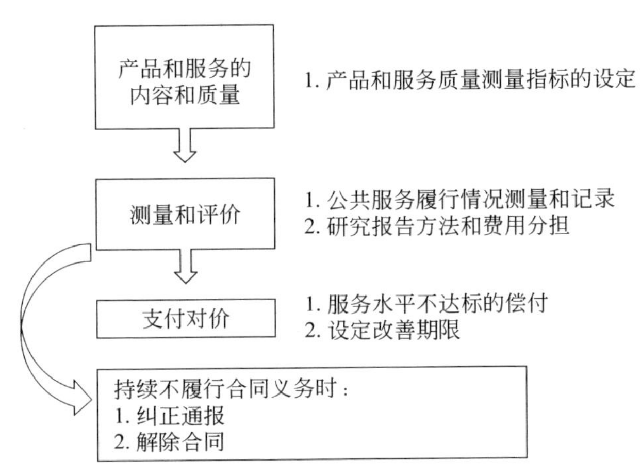

图 4-6　保障公共产品和服务水平的机制框架

资料来源：民間資金等活用事業推進委員会. モニタリングに関するガイドライン. 2003. http://www8.cao.go.jp/pfi/pfi_jouhou/tebiki/jitsumu/pdf/q6-6.pdf.

（1）当事人双方承担的义务细节及履行方法：

① 确定被中标者提供公共服务的内容和质量；

② 公共服务水平的测定和评价方法；

③ 费用及计算方法等。

（2）当事人违反 PPP/PFI 项目合同规定的情况下：

① 选定项目修复所需的适当、合理的措施；

② 改进对当事人的救济措施等。

在PPP/PFI项目中，通常在项目竣工后，政府才开始向中标者支付服务对价，因此，基于公共服务的提供情况采取扣减服务支付对价的措施具有激励效应。为了加强激励，公共设施管理者可以基于服务绩效确定服务对价。例如，根据提供的公共服务数量（使用量）支付服务对价（单价乘以使用量的支付方法），或者在提供的公共服务质量或数量（使用量）超过一定标准时，确定相应的支付对价。但是，这种激励机制的设计要充分考虑支付对价的合理性和前期预算。

值得注意的是，通常情况下，由于监督指标是评价项目内容、风险和计算服务对价的必要条件，也是融资机构考核项目的重要标准，项目监督的具体内容会在PPP/PFI项目合同中予以明确，因此，公共设施管理者应该尽早明确项目监督指标。例如，在编制项目实施方案时，通过问答的方式广泛听取各利益相关方的意见，提出项目要求或监测指标方案。

4.5.2 监督的实施方法

监督的实施方法部分从监督的实施、具体内容、信息收集体系、监督方法的确定、基于监督结果的会谈以及报告书等多个角度对PPP/PFI项目监督进行了指导。

1. 基本流程

PPP/PFI项目监督应遵循以下基本流程：①要收集数据，了解私营部门提供公共产品和服务的履行情况，掌握私营部门是否按照PPP/PFI项目合同规定的要求提供服务，如果履行情况无法满足合同要求，应要求其及时提出改进措施；②基于收集的数据、改进措施落实情况等结果，做出绩效评估报告。

2. 监督的具体内容

公共设施管理者需要制定监督的具体指标、监督对象，明确管理人员和监督方式。对于无法定量监督的指标，管理人员的水平和判断能力显得尤为重要。另外，在指标确定过程中，不可能做到针对每一具体的项目，所以应该根据项目情况和数据收集情况加以调整。

通常情况下，监督应包括以下内容：

（1）为提交报告书需确认项目履行情况调查，如合同规定的期限、完成情况和市场满意度等。

(2) 通过设备测量、样本检测、现场突击检查、信访和顾客满意程度调查以及不定期抽查等方式及时了解和把握项目实施情况。

监测方式采取,可以分为日常、定期、随机抽检等,防止监督行为流于形式,切实提高监督质量和效率。对于每个项目具体采用何种监测方式,需要充分考虑项目的具体内容,防止铺张浪费。而且监测工作无须全部由公共设施管理者完成,PPP/PFI 项目的监督工作也可以采用 PPP/PFI 模式,即根据项目内容,建立由公共设施管理者、受益人、专业机构等合作实施的监测制度,充分发挥第三方专业机构的经验和技术,提高监督结果的公正性和透明度。

3. 服务履行情况的信息收集体系

信息收集体系主要包括四个主体:公共设施管理者、受益人、中标者和合作事业者。日本 PPP/PFI 项目服务履行情况的信息收集体系见图 4-7。首先,受益者通过参与信访和满意度调查的方式,将服务要求和进一步改善的需求反映给公共设施管理者和中标者。同时,中标者要做好自我检查,并要求合作企业即项目承包商定期提供事业报告,随时确认设备的监测、保管情况。中标者应撰写业务日志,记载项目维护、管理和运营情况,并定期交由管理人员阅览。在 PPP/PFI 项目合同结束后规定的时间内,中标者依然需要掌握项目的运营情

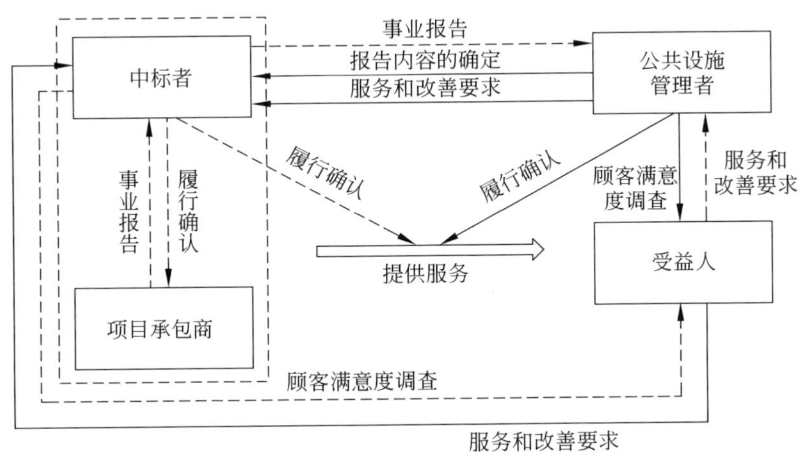

图 4-7　PPP/PFI 项目监督对象及信息收集体系

资料来源:民間資金等活用事業推進委員会.モニタリングに関するガイドライン.2003. http://www8.cao.go.jp/pfi/pfi_jouhou/tebiki/jitsumu/pdf/q6-6.pdf.

况，并向管理人提交报告书。政府机构管理人员则需做好监督检查工作，对中标者提交的业务报告进行审核，确认报告内容，对不达标的项目通知并督促中标者及时采取措施改善。

4. 监督方法的确定

管理人员根据信息收集方法和管理体系的要求，在招标文件中应明确以下内容：

(1) 项目要求的水平和监测指标；

(2) 根据监管业务制定监督的整体框架和体系，理清项目中政府和私营部门的职责分工，特别是风险和成本的分担；

(3) 有关监督、观察、记录和报告的制度；

(4) 服务对价的支付方案；

(5) 如果服务未能满足要求，应该采取的措施等。

在实施监督的过程中，管理人员要遵循综合性、多样化和适应性的原则，综合考虑项目特征，针对不同类型的项目，采用多样化的监督方式和监测频率，同时完善实施方法，并充分考虑监督费用。例如，对道路的监督，不仅要监督项目施工质量，同时要考虑环境安全指标，将道路产生的噪声、废气等计入监测体系。而隧道和桥梁等架构性建筑，则需要考虑地质变化和设备折旧等因素的影响，因此，针对该类公共设施，应注意监测中标者对设备的定期检查和维修情况等。图 4-8 是中标者质量管理监测基本结构。

4.5.3 针对无法提供适当公共服务的应对策略

1. 未按合同履约的应对策略

在 PPP/PFI 项目推进过程中，如果出现提供的服务无法满足合同要求时，公共设施管理者通常采用的基本思路是：首先催告并敦促履行和改善产品、服务，如仍未能履行合同，则按照合同约定解除合同关系。但 PPP/PFI 项目的宗旨是提升公共设施的社会供给，满足公众的市场需求，如果所有项目由于私营部门没有履行合同而直接解除，将导致项目中断，影响项目进程和持续性。需要注意的是，解除合同通常是公共设施管理者最后的应对策略。此外，为应对这一现象，督促和激励私营部门履约，日本政府采取了扣减服务对价支付、设定改进期限和保留支付等措施。

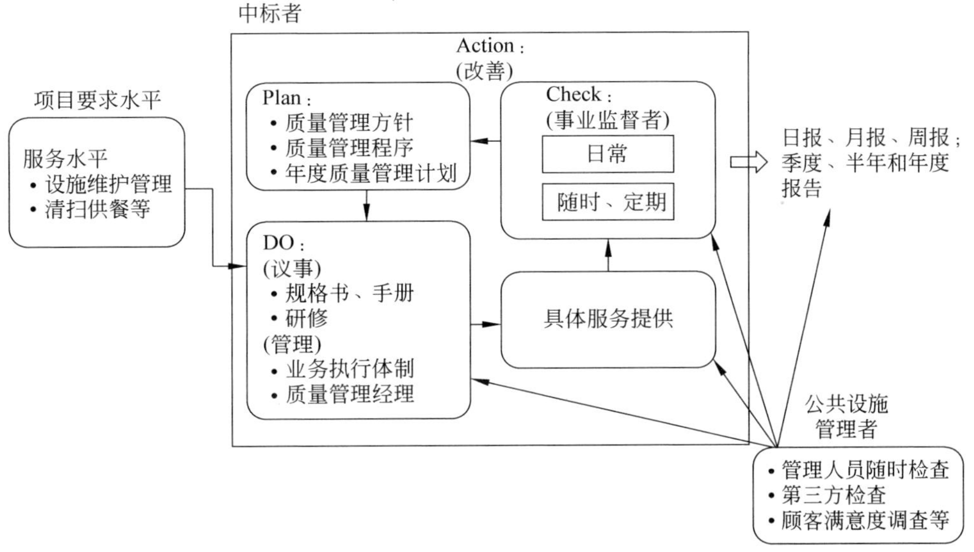

图 4-8 中标者质量管理监测基本结构

资料来源：民間資金等活用事業推進委員会. モニタリングに関するガイドライン. 2003. http：//www8. cao. go. jp/pfi/pfi_jouhou/tebiki/jitsumu/pdf/q6-6. pdf.

扣减服务对价支付是指，首先公共设施管理者根据建设总费用和项目进程采用分期付款的方式支付项目的建设、管理和运营等费用，同时要考虑产品和服务的质量，基于可用性支付费用，如果私营部门未能按照合同约定提供产品和服务，政府可以推迟或者减免部分费用的支付。对于扣减的程度，政府也要考虑中标者的财务状况，防止由于扣减支付不合理导致私营部门资金链断裂产生财务恶化后果。为更好地规范这一问题，《监督指南》中指出，公共设施管理者在扣减服务支付对价时，应该采用扣分机制，根据中标者不履行合同义务的情况予以扣分，达到一定扣减分数上限时，公共设施管理者再确定扣减的额度。与此同时，为了奖惩结合，提高激励效果，在私营部门超标准提供公共服务时，可以给予加分，而且可以与扣分项抵消，通过这样的扣分机制建立的框架体系，保证和提高了私营部门提供公共服务的质量和效率。

设定改进期限是指，出现中标者不履行合同义务时，公共设施管理者在采取直接扣减服务对价措施进行经济处罚之前，应该给中标者预留一定的时间改进服务。在规定的期限内，如果中标者通过采取改进措施可以达到合同要求的标准，可以不予扣减服务对价。

保留支付是指，如果私营部门提供的产品不符合要求，可以采取暂停或延迟支付的方式，敦促其尽快改善，故称为"保留"支付。因此，针对中标者不履行义务的情况，政府制定解决方案应该慎重，既要对中标者有所约束和激励，又要防止中标者承担过多的风险。

2. 服务对价支付的扣减方法

基于扣减方法的重要性，《监督指南》专门对该问题进行了规范。该指南指出，为了防止和避免中标者不履行义务，公共设施管理者应结合每个项目的具体情况，组建专门的监督框架体系，更好地保障中标者履行义务，特别是服务对价支付扣减机制这种激励约束框架体系。《监督指南》指出，服务对价支付扣减框架体系应该从以下几个方面进行设计：

（1）服务对价的扣减要素；

（2）项目监督的基本思路；

（3）扣减额度设置；

（4）减轻扣减机制的设计，例如设计暂不采取扣减或者暂停扣减等措施的适用情况；

（5）与解除合同等激励措施的结合方式等。

扣减幅度的设计在整个框架体系中尤为重要。扣减过于严重，一方面会导致私营部门财务状况恶化，另一方面会影响公共服务的进程。因此，公共设施管理者应该恰当地衡量项目各项服务的重要性，制定合理的扣减机制。例如，根据各项服务未提供的严重程度及其造成的影响等指标分配权重并给予打分，在扣减分累积达到设置的上限时，扣减相应的服务对价。此外，还可以根据各项服务占项目整体的权重，按照未提供服务的期限等扣减服务对价。对于中标者拒不履行义务或者虚假报告等情形，公共设施管理者可以考虑提高扣减比例。与此同时，公共设施管理者需加强对中标者财务状况的关注，防止出现财务急剧恶化的情况。

3. 注意事项

（1）服务对价扣减方法的注意事项

为了避免中标者不按合同内容提供公共服务，公共设施管理者可以采用扣减服务对价的方式，但是如果扣减额度不当，或者确保服务履行的其他措施导致项目中断等，都会影响 PPP 项目的可持续性。因此，公共设施管理者必须衡量和探讨监督约束框架的可行性和合理性，评估该措施对中标者和公共设施可能造成的不利影响。

由于承包商的原因导致公共服务未能达到合同规定的要求时，可以要求更换承包商。需要注意的是，更换承包商或者对业务进行改进指导等措施属于中标者应当承担的工作（风险），公共设施管理者无权直接更换承包商，而应由中标者自行决定。但是，为保障公共设施管理者的监督和执行力，根据法律规定，公共设施管理者确实需要介入承包商业务时，不妨在合同中事先规定公共设施管理者有权要求中标者更换承包商等内容。

（2）使用者付费项目的注意事项

在使用者付费的 PPP/PFI 项目中，由于公共设施管理者无须支付服务对价，所以不能采取扣减服务对价的方式。但是，在充分考虑项目可替代性和收益的前提下，公共设施管理者可以采取罚款的方式，同样可以起到经济惩罚的效果，督促中标者履约。

（3）中长期项目处理

通常情况下，PPP/PFI 项目期限较长，伴随时间的推移，使用者对公共设施服务的要求也在不断变化，同时物价变动、技术更新等因素对服务对价都会产生较大影响。因此，针对这一问题，PPP/PFI 项目合同中应确立相关条款，建立专门的框架体系，以应对服务对价、支付方式和服务需求等因素变动造成的影响，这对政府和私营部门都十分有益。譬如，在实际操作过程中，有项目采取根据市场价格指数调整服务对价的方式。但该方法也有不足之处，数据可能失真，从而导致调整价格与市场真实情况偏离。针对这种情形，日本《监督指南》建议采取基准检测法（Benchmarking test）和市场检测法（Market testing），以避免支付的服务对价偏离市场。基准检测法是指，将 PPP/PFI 项目提供服务的水平和价格与目前市场同类服务的平均水平进行比较，比较结果显示确实存在偏离时，公共设施管理者可以要求调整服务和价格。如果私营部门提出调整服务要求，将涉及 PPP/PFI 项目合同的变更。市场检测法是指，根据基准检测的结果，如需调整服务要求和价格，中标者可以采取更换承包商的方式，改善项目服务或降低成本。但是该方法可能导致服务中断，因此，日本政府通常限制使用该方法。

此外，在 PPP/PFI 项目履行期间，如果认为部分监测标准未能发挥预期作用，或者存在更合适监测标准时，公共设施管理者和中标者在充分阐明理由的前提下，有权要求调整监测标准。届时，双方应就该要求的合理性进行协商，如果认为确实有必要调整时，可以制定新的监测标准，同时变更 PPP/PFI 项目合同。

综上可以看出，日本对 PPP/PFI 项目采取了全过程监督。各级政府及地方政府作为发起机构，有权对 PPP/PFI 项目的实施情况、产品和服务的质量等内容进行全程监督。在监督过程中，为保证检查客观、全面和科学性，政府会聘请外部专家收集 PPP/PFI 项目相关信息，同时要求私营部门定期提供项目报告和财务等信息，最终由专家对私营部门的经营状况做出评价。政府以此评估结论为依据，判断私营部门实施的 PPP/PFI 项目是否存在与合同背离的现象，如有不符合规定的，政府有权要求私营部门更正或终止合同、取缔项目。通常情况下，地方政府在发起 PPP/PFI 项目时，专门成立管理机构，负责该 PPP/PFI 项目的前期调查、项目招标、中期检查等监督工作的组织和协调。此外，PPP/PFI 项目是否可以获得政府发放的补助金，也需要经过所属部委的评估。

4.6 《特许经营指南》

2013 年 6 月出台的《特许经营指南》是日本 PPP/PFI 实践的显著进步。虽然日本从 2000 年已经开始出台各种指南，尝试规范 PPP/PFI 事业的发展，但是这些指南在实践中并没有得到很好地贯彻和实施。直到 2013 年，日本政府重新发布了《特许经营权及运营公共设施的指南（新）》《PFI 项目实施进程指南（修订版）》《合同指南——PFI 项目合同中的注意事项（修订版）》，这些指南才真正得以在 PPP/PFI 项目中实施。关于《实施进程指南》和《合同指南》的内容在前面已经做了阐释，下面将主要介绍《特许经营指南》的一些主要规定。

1. 设施的扩建、维修与建设

《特许经营指南》为特许经营者在特许经营期限内被允许持有标的公共设施的范围确定了认定方法。根据《特许经营指南》，特许经营者在运营需要的情况下可以对设施进行扩建或翻新，但是在具体项目中允许扩建或翻新的范围必须由相关的公共设施管理者认定。对于不属于特许经营权范畴之内的新设施建设、完全重新翻修或重新开发已经存在的设施，将按照传统的公共工程或者常规 PPP/PFI 项目的方式进行，比如采用“基于可用性付费”的建设—转让—运营(BTO)模式。

2. 特许经营权的委派和转让

由于产品禁止销售等原因导致的特许经营权的出售，必须由相关公共设施管理者根据 PPP/PFI 法出具许可。《特许经营指南》同时强调，如果受让人未被以任何形式取消过资格，或者特许经营权的转让符合公共设施管理者编写的招标文件，则该公共设施管理者不享有任何裁决权，必须允许转让。公共设施管理者关于特许权转让要求的任何条件都必须在招标文件中有所体现。因此可以说，虽然《特许经营指南》对于转让条件的表述依然较为模糊，但在很大程度上已经增强了特许经营权转让获得批准的确定性。

3. 特许经营权的撤销

为了保护必要的公共利益，如果在特许经营者身上发生了某些特定的事件，公共设施管理者有权撤销其特许经营权。《特许经营指南》建议如果因为保护公共利益的原因，特许经营者被取消了特许经营权，应当参照《用于公共用途的土地征用补偿标准》中的商业补偿条款给予相应的补偿。同时建议公共设施管理者必须按照项目的剩余比例退还相应的特许经营费。

第5章

日本PPP/PFI典型案例精选[①]

5.1 社会类(教育、福祉、文化)PPP/PFI项目案例

5.1.1 北九州市立思永中学校舍整改项目

1. 项目概述

北九州市立思永中学校舍老化严重,面临抗震整改。北九州市政府针对思永中学游泳池、室内运动场、体育馆等老旧基础设施,以BTO项目方式,实施了校舍的重装整改与运营管理。除中学基础设施外,项目还在附近引入西日本工业大学研究生院作为私营部门收益设施,实行独立核算。该项目于2006年2月公布方针,2007年6月签订合同,2009年4月投入使用。项目中学校设施的运营年限为17年(其中设计建设2年,管理运营15年),私营部门收益设施的运营年限约50年。

该PPP/PFI项目中,项目构成包括中学校舍整改与附带私营部门收益项目两部分,其中校舍整改包括学校室内恒温游泳池、运动场和体育馆的抗震重建;私营部门收益部分以土地定期租赁方式,具体设施内容不限定,提案具有较大自由空间。整改后的中学恒温游泳池,在课余时间向市民开放,提升了市民公共服务。在恒温泳池的运营过程中,建立运营奖惩制度,政府根据运营情况调整服务采购费,确保了游泳池的服务效率。

---

① 本章案例来源于日本内阁府PPP/PFI事业推进办公室官方网站发布的《PPP/PFI项目案例介绍》,从中选择代表性案例分析整理而成。

内閣府民間資金等活用事業推進室(PPP/PFI推進室). PPP/PFI事業の事例紹介. http://www8.cao.go.jp/pfi/pfi_jouhou/jigyou/jireishoukai/jireishoukai.html.

2. 项目过程

北九州市内多所中学校舍设施老化,需要整改以确保其抗震性能。市辖多所校舍整改需要巨大费用开支,北九州市政府财政状况严峻,需要创新整改方案以最大程度缩减项目花费。在日本,截至 2005 年全国已经有 200 多项公共团体的建筑整改项目采用了 PPP/PFI 模式,其中不乏学校校舍整改项目。过去的项目经验表明,PPP/PFI 模式可以有效节省财政费用。与此同时,《北九州市新行政改革大纲(2004 年 4 月)》明确指出:"今后在整改厅舍、市营住宅、学校等公共设施时,应推进活用民间资金和技术的 PPP/PFI 模式。"因此,北九州市政府决定在思永中学抗震重建整改项目中响应政策要求,积极采用 PPP/PFI 模式。

项目确定前,市政府针对在学校重建整改项目中引进私营部门的可行性进行调查,并对缩减财政负担、提高服务效率的目标进行了论证,结果表明,"中学内部游泳池对外向市民开放"将取得良好的项目效果。另外,学校附近的胜山市民游泳池(室外游泳池)也已经老化,其他城市有同样的案例(东京都调布市向市民开放的学校游泳池 PPP/PFI 项目)正在实施,有效减少了政府财政负担。因此,北九州市政府准备在学校游泳馆加大对市民的公共服务,利用重建后的思永中学室内恒温游泳池,代替附近已老化的胜山市民游泳池,并对这一方案开展了可行性调查。

为有效利用与思永中学相邻的道路空地,市政府决定将附近道路空地作为学校校舍改造 PPP/PFI 项目的附带项目,以土地定期租赁的方式,责成私营部门对道路实施改造,同时利用道路空地增加私营部门的项目收益。关于附带收益项目的实施场所,政府指定了项目的大致范围,指出私营部门在确保不影响学校正常教学的条件下,努力打造热闹繁华的街区。政府希望借此项目,同时完成对学校设施和私营部门收益设施的一体化整改,以达到减少公共经费(整改费、维护管理费)支出、增加土地租赁收入的目标。在私营部门收益设施建设方面,政府与私营部门决定签订土地定期租赁合同。其中关于收益设施的用途规定比较自由,原则上只限制不得违反《风俗营业的规制与业务适当化等相关法律》。最终有 4 家投标方进行项目提案,设施内容包括符合政府期望的商业设施、养老院、健身俱乐部、研究生院等。由于大学是年轻人高度聚集的场所,从营造街道繁华氛围的立场出发,大学研究生院的提案得到政府高度评价,并最终获得成功。

3. 项目进展

2009年4月思永中学及游泳池开始投入使用，同年11月末学校操场整改完成，12月开始，项目进入管理、维护、运营业务实施阶段。项目设施投入使用后不久，发现缺陷，但没有出现严重故障，管理运营正常。

恒温游泳池使用方面，截至2009年年底，使用人数超过了4万，达到预期项目计划。游泳池的公共宣传方面，私营部门采取报纸夹带传单的广告方式，同时也在电视、报纸等媒体上投放广告，效果良好，客户有增加趋势。

本项目中的私营部门收益设施，政府与私营部门签订了为期50年的租地合同，由土地使用者西日本工业大学整体购买设施。关于私营部门收益部分，只要支付土地租用费，就无法解除合同；如果土地租用合同解除，PPP/PFI项目主体也会解除合同，即所谓的交叉违约条款。[①] 通过制定交叉违约条款的方式，有效降低了PPP/PFI项目的风险。私营部门给政府支付定期租地的租金，但是与50年的定期租地期限相对，中学设施的项目期限只有15年；中学设施的项目期限到期后，私营部门收益设施部分的租地合同如何处理，是九州市政府亟待解决的课题。作为政府方面，在项目合同期限到期后，可以考虑不与私营部门继续签订合同，私营部门也希望私营部门收益设施部分的合同可以由市政府与大学直接签订。

针对游泳池运营相关的服务采购事项，政府建立了奖惩机制。在项目设施维护管理业务方面，政府将对水电费使用量、保安警备、环境卫生管理等事项的投诉情况进行监控；在游泳池运营业务方面，来自客人方面的投诉数量及客人数量的增减，都将作为监控指标。如果监控结果显示该业务实施状况未达到要求水准，政府有权利减少服务采购费的支付。

关于设施服务采购的标准，在投标提案书中，以游泳池现有客人人数作为参考基准确立门票收入最低保证额，如果门票收入低于该最低保证额，则扣减相应的服务采购费；如果门票收入超过最低保证额，则增加1/2的服务采购费。服务采购费的修改（奖励与惩罚）从投入使用后第三年开始，根据第一年和第二

---

① 交叉违约是指如果合同项下的债务人在其他合同或类似交易项下出现违约，此种违约也将被视为对本合同的违约，本合同的债权人可以对该债务人采取相应的合同救济措施。

年的实际业绩，由政府和私营部门协商修改最低保证额。

政府监管方面，政府通过定期会议等方式，确认定期监控及随机监控报告。监控工作委托给第三方咨询机构，每 3 年进行 1 次。

4. 项目成效

实现政府收入增加。学校恒温游泳池在中学不上课的时间段对市民开放，门票作为政府收入。由于本项目设施地理位置良好，平均每月游泳池客人可达到 4 000 人左右。项目实施前，学校附近的市民公共游泳池只是夏季运营；恒温游泳池建成后，服务更为完善，可以常年营业，那些曾经很少光顾季节性室外游泳池的老年人也成为潜在新客户。根据项目方提案，恒温游泳池开放后，同时开办游泳班和徒步健身班。由于项目内容不属于政府监管范围，设施投入使用后，由市政府与私营部门协商决定经营内容。

有效增强公共服务。项目招标采购文件规定学校设施整改的基本方针："学校属于附近社区居民的公共设施，应将其作为街道建设的基地，积极推动其公共功能应用，为居民社区生活增加活力。"整改室内恒温游泳池，在学校上课之外的时间段常年对市民开放，将有益于市民增强运动兴趣、增进身体健康。项目后期也将与民间收益设施（西日本工业大学研究生院）进行合作，进一步拓展社区居民的活动范围，进一步建设相关学校设施，并发挥地区防灾据点的作用。本项目引进 PPP/PFI 模式，与原有公共财政支出模式相比，VFM 可达 23.7%，节省了政府财政支出。

5.1.2 市川市教育、文化、福祉综合设施建设项目

1. 项目概述

本项目全称为"市川市立第七中学校舍、食堂、礼堂整改及保育所整改 PPP/PFI 项目"及"市川市护理之家整改等 PPP/PFI 项目"。项目为教育、文化、福祉综合设施建设，有效利用了中学重建后的剩余建筑容积，在同一建筑内综合了校舍、食堂、礼堂、保育所、护理之家和日间护理中心六大功能。由于社会福利法的限制和申请国库补助金的缘故，本项目被拆分为中学部分和护理之家部分两个子项目。项目运作采用 BTO 方式，中学设施部分实行服务采购，护理之家部分实行独立核算。该项目于 2002 年 6 月公布方针，2003 年 3 月签订合同（合同金额约 49 亿日元），2004 年 9 月投入使用。项目运营年限约 16.5

年，其中设计建设约1.5年，维护管理运营15年。

项目运营中，通过设置公用设备层和共用安全通道等结构设计，有效削减了运营成本；设置了由各个设施单位运营负责人组成的联络会议，定期举办“互动与交流”活动，有效增强了儿童、少年、老年人间的世代交流。

2. 项目特点

项目设施包括市川市（千叶县）中学、食堂、礼堂、保育所、护理之家和日间护理中心多项内容，具有综合性功能。项目内容为对中学的部分校舍和食堂进行重建，并有效利用其剩余容积，新建礼堂、保育所、护理之家、日间护理中心等文化与福利设施，最终实现将这六大不同功能复合于同一栋建筑物内。

本项目虽然只有一栋建筑物，但由中学与护理之家两个单独PPP/PFI项目共同构成。对此，最初进行项目研究时，预期保育所、护理之家和日间护理中心的运营者由社会福利法人承担；但根据社会福利法第26条规定，社会福利法人不可以是收益项目的营利法人，不能作为SPC的出资人。最初设想在本项目中运用国库补助金，但如果护理之家接受了补助金，则需作为一个独立PPP/PFI项目签订项目合同。因此，最终决定将项目拆分为中学部分和护理之家部分两个子项目，共同构成总项目。

虽然总项目分为两个独立的PPP/PFI子项目，但为了保证两个子项目的理念具有统一性，两者从招标阶段开始就是互相联系的一个整体。在征集项目提案时，就要求两个子项目的投标者将两个项目组成一个联合体进行投标。具体操作中，将两个项目的审查结果当作一个整体进行合计，计算非价格评价分数，提案价格按设施进行确认后，非价格评价分数合计除以提案价格合计，计算得分，进行综合评价。

3. 项目进展

项目运营后，设施机构之间进行了定期的互动交流，由第七中学、市川市行德支所（毗邻设施）、护理之家与日间护理中心及保育所的运营责任人组成的“市川市行德公益设施联络会议”（每年一次），对深化中学生、老年人及幼儿的“互动与交流”进行探讨和规划。如今，中学进行合唱比赛时会邀请护理之家成员参加，护理之家还参加了保育园的夏季活动等，进行了各种实践，通过这样的多世代交流，发挥了老年人的生存价值与教育意义的协同效应。

政府监管方面，监管工作包括确认私营部门提交的月报、季报和年报，问卷调查分析等部分工作委托第三方机构。因为项目为复合设施，而且各设施的功能分类不同，教育相关、福利相关等各主管部署各自分别进行监管。本项目为市川市首例 PPP/PFI 项目，政府没有监管经验，而且也没有综合设施 PPP/PFI 项目的先例可循，所以政府的监管工作只能在摸索中前进，监管细则和改善措施的制定实施花费了大量的精力。

4. 项目成效

实现建筑风格与周边街道景观相配。项目最初的计划方案是建造 8 层楼高的建筑，但是周边的居民提议希望新建筑应该考虑现有的街道景观。因此，私营部门最终提案建造 5 层楼高的建筑，在控制建筑物体量和建设成本的同时，还整改了符合要求的其他设施。

合理设计建筑结构，削减运营成本。中学位于建筑物 3 层，护理之家位于 4 层，在 3、4 层之间设置公用设备层，提高了设备的使用效率和维护效率。同时积极引进自然采光与通风，让中学部分与护理之家部分共用安全通道，谋求给建筑物瘦身等，在设施设计方面做足了功课，成功达到削减运营成本的目标。

节省政府财政支出。项目投标阶段共有三组提案应征，通过引进 PPP/PFI 模式，与原有模式相比，政府的财政支出减少了约 15.5 亿日元。其中，护理之家实现物有所值 5.88%，中学等项目实现物有所值 30.33%。同时，护理之家私营部门自身负担金额也比政府原计的金额低。

5.1.3　长井海之手公园修建项目

1. 项目概述

长井海之手公园修建项目是日本首例以体验型综合公园为对象的 PPP/PFI 项目。项目内容包括都市公园的设计、建设、维护管理和运营业务。在本项目中同时采用了 BTO 与 BOT 两种项目方式，对餐厅、小卖部、浴场等收益性设施采用 BOT 方式，对广场、道路等公共设施采用 BTO 方式。该项目于 2002 年 1 月公布方针，2003 年 9 月签订合同(合同金额约 76 亿日元)，2005 年 4 月投入使用。项目运营年限约 11.5 年，其中设计建设约 1.5 年。为确保灵活应对社会需求的变化、降低特许经营方的收入波动风险，特许经营期限设置为 10 年，而非长期。

2. 项目特点

本项目是日本首例以综合公园为对象的PPP/PFI项目。所用土地为旧日本海军设施所在遗址，根据旧军港市转移法，遗址于2005年4月转让给横须贺市。早在1982年的“四设施利用计划协议会”上，政府就确定了将遗址所在地建设为综合公园或农业研修中心附属实习农场的指导方针，在土地转让之前，就已经开始制定长井海之手公园的基本构想和基本计划，并以此为基础展开了基础设计工作。20世纪80年代末期，日本经济泡沫破裂后，政府财政状况恶化，如果将公园建设作为政府单独项目进行，财政负担过大。因此，政府开始研究通过引入私营部门的方式完成公园建设项目，在减轻财政负担的同时，还能积极推动当地相关产业的培育。在项目研究过程中，日本《PFI推进法》开始实施，政府于2000年针对项目进行了PPP/PFI可行性调查。调查结果发现，与传统方式相比，PPP/PFI方式不仅可以减轻财政负担，分摊初期费用，还有望缩短项目工期。因此，政府决定引进PPP/PFI模式，从而使该项目成为日本首例体验型综合公园PPP/PFI项目。

本项目实施过程中同时采用了BTO和BOT两种项目方式。在公园设施建设中，存在餐厅、小卖部、热水浴室等收益设施，也存在广场、公园道路等非收益设施。在研究项目方式时，决定收益设施采用BOT方式，从而最大限度地发挥私营部门项目者的运营技术；而非收益设施则采用BTO方式，由政府承担维护管理费。

为适应社会需求变化，设置较短特许经营期。对综合公园的管理要求，需要因社会经济环境改变而不断调整。因此，为了更好地满足社会大众对公园的期望，项目决定将特许经营期设置为比较短的期限，以便后期进行灵活调整。另一方面，由于该项目中同时包含收益设施，如果特许经营期限长，选定特许经营者存在收入大幅波动的风险。为减轻项目双方风险负担，最终将特许经营期设置为10年。

3. 项目进展

公园游客数量达到预计目标。在项目研究初期，参考县内现有都市公园和其他市内公园的实际情况，预计新建公园年均游客数量为70万人。公园建成开园后，3年内年均游客数量约66万人（其中90%左右是以家庭为单位出游），大致达到了项目的预期目标。另外，除了横滨市和川崎市，来自神奈川县之外的来园游客数量也很多，实现了本项目的另一目标：吸引外地游客，增加游客流量。

有效拉动当地就业与服务。为借助公园运营拉动本地就业，项目针对本地人员雇佣与志愿者招聘等进行了定量提案。除此之外，公园中的餐厅等设施需要食材供应，在与本地农户和渔户的生意往来中，与本地农协和渔协建立了合作联系，并借此进一步推动了与本地单位的合作与服务。

政府监管方面，监管工作包括确认特许经营者（私营部门）提供的月报、对公园游客进行面对面问卷调查（每年两次）、公园实地考察调研等。该项目中的公园为招揽顾客的公共设施，政府在进行实地调查时，调查员不仅可以确认业务要求水准的完成情况，还可以以游客的角度对从业人员的服务态度和设施内的卫生状况等进行考评。政府与特许经营者对公园运营服务情况的严格监管和把控，促使公园工作人员提供了更加优质的服务。

4. 项目成效

项目充分听取了私营部门的建议。私营部门基于丰富的公园运营经验，提出了有关体验农场这一充满魅力的方案。方案中包括从儿童、少年、直到老年人甚至残障者都可以参与的活动项目，如在法式农场的农耕体验，在普罗旺斯街景的餐厅就餐和食物加工体验，喂养马，与小型马、牛等与动物互动项目。政府最终听取了这一方案。另外，私营部门还根据自身丰富的公园项目实践经验，对高可行性的商圈规划、公园预计接待客人数量、基于精准数据分析得出的停车场补贴、雇用人员数量计算，以及体验教室、娱乐设施的收费标准等具体实施细则提出提案。

积极进行广告宣传，公关效果良好。在公园推广宣传方面，特许经营方（私营部门）进行了积极的宣传和公关活动，如在电视台和广播台投放公园景点广告、报纸发行中夹带宣传传单、投放杂志广告等，宣传效果显著。如果使用传统项目方式，政府很难做到如此大规模宣传。

减少政府财政支出。项目最终有 4 家团体参加了项目投标，与传统项目方式相比，引进 PPP/PFI 模式帮助政府财政支出减少了约 22 亿日元，实现物有所值 22%。

平摊初期投资费用，提前完成公园修建。公园建设项目总花费需 50 亿日元左右，如果按照传统项目方式，政府每年度的财政负担都很大，因此原本公园建设预期花约10年时间,分阶段逐步完成修建。但是引进PPP/PFI模式后,充分利用私营部门平摊公园初期投资费用,只需原来方式约1/5的时间,即2年就可以全部完成公园的建设,为项目节约了时间。

5.2 经济类(公共住宅、市政、交通)PPP/PFI项目案例

5.2.1 广岛县上安公共住宅重建项目

1. 项目概述

广岛县上安公共住宅重建是日本首例在地方公共住宅开发中引进PPP/PFI模式的项目。项目内容包括公共住宅的维修和管理(设计、施工、工程监理、维护管理、修缮、入住者管理业务),以及剩余土地利用、建筑用地平整工程。该项目中,将县营公共住宅的整改与剩余土地利用合并作为一个整体项目,采用BTO方式,由项目中标者制定项目用地的规划利用和综合开发方案,从而实现整体工程协调推进、各项设施高效整改。项目于2002年3月公布方针,2003年10月签订合同,2005年8月投入使用。项目运营年限为22年,其中设计建设约2年,维护管理运营20年。

在项目招标过程中,特别鼓励民间提案。由于提案有高度自由度,私营部门针对土地开发面积、规划利用等问题,充分发挥民间创意,提出从政府购买土地和定期租赁的方案,为政府增加了财政收入。政府充分利用民间技术经验,实现了建筑结构的弹性设计,有效提高了住宅性能。

2. 项目特点

广岛县有多处县营公共住宅老化严重,需要重建。“县营上安住宅”是面临重建的老化公共住宅之一。上安住宅为低层公共住宅,广岛县政府决定拆掉这些低层住宅,在所在地重新建造高层住宅,同时把其它地区老化的公共住宅拆迁集中到此处。将低层住宅改建为高层住宅,可以高效利用土地;针对建设公共住宅后剩余的土地,可以根据私营部门项目者的收益项目提案,对剩余土地进行进一步利用。关于剩余土地的利用,政府最终决定应用更能发挥私营部门优势、手续透明度高的PPP/PFI模式。同时,该项目也是日本首例地方公共住宅引进采用PPP/PFI模式的案例。

项目运营过程中，广岛县为其所有公营公共住宅的运营引进了指定管理者制度。由本项目中标者组建的项目公司，也成为公共住宅的指定管理者。

3. 项目进展

由于 PPP/PFI 模式的引进以及地理位置邻近车站，这两大因素相互促进，为入住者提高了生活便利性，新建的县营公共住宅在市民之中获得了普遍好评，确保了较高的入住率。

政府监管方面，针对县营公共住宅，广岛县政府基于指定管理者的监管机制，确认考核项目中标者提交的月报和年报。针对剩余土地利用项目，广岛县政府只是出售土地和进行土地租赁，对其经营状况等无须进行监管。

4. 项目成效

按照原有模式，广岛县县营公共住宅的重建和剩余土地利用需要分开作为两个项目招标；通过采用 PPP/PFI 模式，可以将二者作为一个统一的项目推进实施。项目投标中，私营部门提案包括以社会福利设施为中心的土地开发规划、利用高低差的县营公共住宅配置计划、娱乐广场规划，以及整体社区建设用地综合利用规划等多项内容。最终，项目中标者按照提案规划对整个工程进行协调，实现了各项设施的高效整改。

提高住宅性能，实现住宅结构弹性。依据私营部门的提案，住宅性能比传统方式有了较大提高。具体操作上，采取住宅结构的弹性设计，可以灵活变更住户规模，以便应对将来人口结构和住宅需求的变化。在维护管理业务方面，建筑采用外部设备轴的设计，使配管、接头等零件的更换更为简便，有效提高了维护效率，减轻了维护管理的负担。

为了最大限度鼓励和发挥私营部门的创意，项目在开发剩余土地的用途及规划方面未设过多限制，提高了私营部门提案的自由度。广岛县可以确保项目私营部门拥有开发用地的土地使用权，以及进行收益性项目开发的权利。为确保私营部门的土地使用权利，除了采取从广岛县购买土地的方法之外，还采用了土地定期租赁的方法。此外，还允许私营部门的收益设施与县营公共住宅合建。同时，广岛县并未确定项目对象用地的哪一部分属于剩余土地，可以任由私营部门提案。这样提高了私营部门对土地有效利用的灵活度，各个投标者提出各种项目投标方案。最终项目中标者的提案内容包括：特别养护老人院、护理之家、日间护理、养老院等社会福利设施，以及职工用托儿所、书店及音像 CD

租赁店。关于用于建设这些项目设施的土地使用方法，修建社会福利设施和托儿所的土地从广岛县政府购买，书店部分则从广岛县政府定期租借。土地转让金和定期租地租金合计约6.6亿日元，被计入广岛县的财政收入。

广岛县政府降低了公共住宅购买支出和建筑用地平整工程费。关于县营公共住宅的购买金额，广岛县招标金额为16亿日元，而项目中标者的提案金额约为11.6亿日元。通过引进PPP/PFI模式，与传统方式相比，财政支出节省了约4.4亿日元，占总成本约23.2%。

5.2.2 指宿地区公路服务设施建设项目

1. 项目概述

指宿地区公路服务设施建设项目是日本首例以公路车站为施工对象的PPP/PFI项目。项目设施包括地区服务设施（809平方米）、都市公园（12 000平方米）和公路车站（2 600平方米）。项目采取以BTO方式，内容包括地区服务设施的设计与建设、维护管理、运营业务，以及都市公园和公路车站的维护管理业务。项目于2002年6月公布方针，2003年3月签订合同（合同金额约3.6亿日元），2004年9月投入使用。项目运营年限约16年，其中设计建设约1年，管理运营约15年。

在经营业务方面，项目制定了促进特许经营者增加销售额的奖励机制，将销售额的20%～40%作为销售提成，极大激发了特许经营者的销售热情，地区服务设施客流量和销售收入都超过了预期。鼓励进行自由提案，最终实施自主运营项目，设有餐厅、小型商店、面包店和快餐店等，为旅客提供了便利。通过与当地相关企业合作，利用当地的土特产开发新产品，接收商业学校的学生作为销售实习生等，在多方面为地区发展做出了贡献。

2. 项目特点

项目基于本地实际需求。在日本指宿市（鹿儿岛县），很早就有农户、农产品加工协会、渔业者等提出希望在本地设置商品直销点；在“第4次指宿市综合振兴计划”制定时，“市民城市建设委员会（梦现塾）”也曾建议本地建设特产馆。因此，在“第4次指宿市综合振兴计划”中，“建设具有综合功能的交流设施”成为重点项目，相关人员围绕项目建设展开了公路车站、特产中心及公园整改的研讨。地区交流设施选定建设在连接鹿儿岛市与指宿市的国道

226号线，位于指宿市境内，景观优美，与公路车站和都市公园同时建设。在决定本项目的建设模式时，基于削减财政支出、提供优质服务的考虑，特别是需要鼓励私营部门积极创新，有效利用私营部门经营能力，以增强土特产品的销售能力，促进地区振兴，指宿市政府决定首次在公路车站修建项目中引进PPP/PFI模式。

在本项目进行了充分的前期调查。位于公路车站的农产品、鲜鱼、加工品等土特产商品的销售业务存在较大收入风险，对项目有较大影响。因此在研讨相关消费需求时，一方面委托咨询机构进行需求预测调查，另一方面，政府也特地对周边的便利店等商户进行走访调查，从多方面进行需求预测调查。

3. 项目进展

与本地企业合作，促进区域经济发展。根据项目中标者的提案内容，把项目着力点放在与当地相关企业的合作上，致力于努力经营，探寻激活地区经济活力的对策。服务设施投入使用后，负责人也积极寻求与当地企业合作，结合当地特产开发了许多新产品，包括枇杷、西番莲、芋头的冰淇淋、使用萨摩烧陶器的巧克力，同时销售当地食品企业供应的特产套餐等，为促进区域经济发展做出了贡献。此外，还接收市内商业学校的学生作为销售实习生，为促进当地教育、拉动就业也做出了贡献。

项目特别鼓励特许经营者发挥销售技巧。因此除与当地企业合作开发新产品之外，特许经营者还积极推进提高销售能力的方案。例如，特许经营者在政府的协助下，模仿复制2008年NHK大河剧“笃姬”的摄影布景，在服务设施内的工艺品展示区进行了布置展示。通过这项活动增加了顾客量，也增加了销售收入。服务设施投入使用后的3年半内，土特产的销售收入超过了当初的预想金额。采用PPP/PFI模式比采取传统方法能更灵活地结合时事热点，制定销售措施，有效提升销售额。

政府监管方面，主要实施每季度一次的实地调查监管。监管内容主要包括确认墙面裂纹以及卫生状况等维护管理方面的问题。监管时会检查上次指出的问题，整理新的需要改善之处。监管过程中发现经营业务中有不足之处，则给予扣分。当扣分达到5分时，扣减20%的服务采购费。

4. 项目成效

以奖励提成的方式促进土特产销售。私营部门的运营业务之一是土特产代销业务。针对土特产销售等经营业务，为私营部门制定了促进销售的奖励方案。代销的土特产有市内出产的农林水产品、花卉与观叶植物类、加工品、品牌产品、工艺品、民间工艺品，县内生产的旅游土产品等，这些土特产销售收入的20％～40％作为私营部门的销售提成。销售产生的人工费用等需要项目者自身承担。实行奖励措施后，土特产销售额远远超出政府当初的预测值，确保了私营部门财务稳健。

项目招标采取自由提案方式，鼓励投标方实施项目自主运营。目前，实施的自主运营项目包括利用剩余土地容积建设的餐厅、小型商店、面包店，设施周边的冰淇淋店、烧鸡肉串等快餐店，这些便民项目为顾客提供了极大便利。

项目最终有三家投标，通过引进 PPP/PFI 模式，与传统方式相比，政府的财政支出削减了约 37％，物有所值 23.4％，削减了财政支出。

5.2.3 福冈市临海工厂废热利用项目（失败案例）

1. 项目概述

该项目是在福冈市垃圾焚烧处理厂“临海工厂”建成后，利用垃圾焚烧产生的热能发电，同时对得到的电力进行有效利用，通过充分利用海水的海洋疗法、运动设施、促进地方社区交流等功能，建成该废热利用设施项目。根据前期规划，项目预定建设期为 1 年，特许经营期为 15 年。

2002 年 4 月项目设施开始运营，经营 1 年后，由于对项目消费需求风险估计不足，顾客和消费者数量不足。运营 2 年后，项目主体 TARASO 福冈株式会社经营状况恶化，陷入资不抵债困境。政府在监管过程中，面临项目公司经营恶化的困境，未能及时采取有效措施。2004 年 11 月末，该设施暂时停业关闭。其后，设施停业约 4 个月，新的项目主体福冈临海 PPP/PFI(株)决定继续经营本项目，于 2005 年 4 月重启项目。

2. 项目过程

(1) SPC“TARASO 福冈公司”(代表企业为大木建设株式会社)开始项目运营。(运营期为 2002 年 4 月 1 日—2017 年 3 月 31 日)

(2) 第一年度顾客数量 10.9 万人(项目提案时预计消费者数量为 24.7 万人)。

(3) 2003 年 3 月期(2002 年度)TARASO 福冈决算,销售总额 2.1 亿日元(提案时预计销售总额 4.4 亿日元),最终亏损约 3 000 万日元。

(4) 在海洋沐浴治疗服务的基础上,增加器械健身房、娱乐演播室等设施,改造普通游泳池,策划综合健身部门。

(5) 代表企业继续支援。拖延偿还贷款的利息,延期偿还更新工程款,停发外派人员补助报酬。

(6) 在 TARASO 福冈协商会(由市、TARASO 福冈公司构成)的会议上,TARASO 福冈公司向市政府汇报,如此经营下去,项目收支会继续恶化。

(7) TARASO 福冈公司申请变更合同内容,请求对于从设施使用者收取的门票收入,包括基本收费在内,可以由项目公司自由处理。市政府认为这样会变更招募项目者时的条件,拒绝了项目公司对基本收费部分的要求。

(8) 2004 年 3 月期(2003 年度)TARASO 福冈公司决算,销售总额 2.2 亿日元,最终亏损 1.2 亿日元,陷入资不抵债的困境。

(9) TARASO 福冈公司的代表企业大木建设株式会社,申请开始民事再生手续。

(10) 根据 2004 年 9 月 TARASO 福冈公司董事会决定,同年 11 月末,关闭营业设施。

(11) 2004 年 12 月 10 日,在福冈市 PFI 推进委员会上,宣布“继续推进 PPP/PFI 项目(中期报告要点)——TARASO 福冈公司项目破产”。

(12) 旧 SPC“TARASO 福冈公司”向承接项目的新 SPC“福冈临海 PPP/PFI 公司”转让营业设施。

(13) 新 SPC 出资者:九州 Leasing Service 株式会社、Zekuta 株式会社。

(14) 2005 年 4 月 1 日营业设施重新开业。

项目过程见图 5-1。

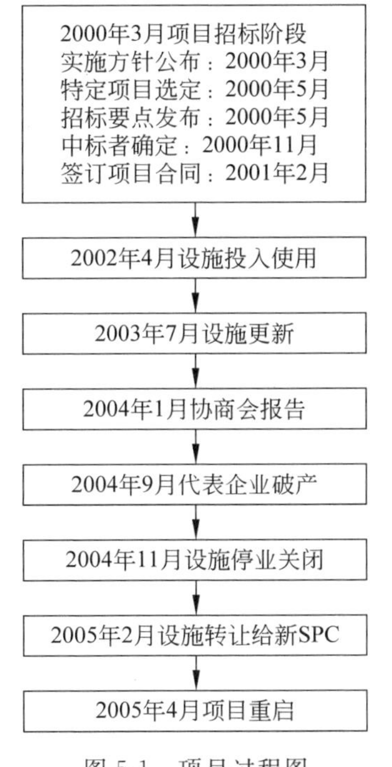

图 5-1 项目过程图

3. 项目教训

福冈市项目推进委员会对本项目进行了破产调查，在调查原因的同时，综合听取了有关方面的意见，整理了项目中期报告要点，制作了调查检讨报告书，对今后推进 PPP/PFI 项目进行了进一步规范。

项目调查检讨书的主要从以下两个角度展开：①以 PPP/PFI 项目公司经营破产这一风险事件发生的主要原因为课题进行分析；②由于经营破产的影响，经营设施有 4 个月对市民中断了服务，以此为重点进行分析。同时，项目破产调查的报告书文本也于 2005 年在福冈市政府的网站上进行了公示。以下是该项目可以获得的几点教训。

防范需求风险方面：在本项目中，私营部门承担的消费者需求风险与其提案的服务提供费的价格是相关的，但私营部门对该风险预估不足，并且欠缺对该风险的防范意识。私营部门应对 PPP/PFI 项目加深实质性理解，在确保自己能够承担自身管理风险之后再参与 PPP/PFI 项目。另外，政府在项目招标审查阶段，对私营部门的风险处理能力也缺乏客观审查的机制。

政府推进项目建设方面：政府在面对项目设施需要如期开业、项目工期时间紧张的压力时，缺乏灵活的应对姿态和处理经验，如可以变更项目模式、修订项目进度安排，或采用其他方式等。政府应根据项目特征，增加把控项目风险的意识，根据项目的特殊性及风险可能发生的原因和影响做好事前预案。另外，按照惯例，项目推进部门应承担和处理所有的项目手续，但福冈市政府部门内部没有事前充分沟通，部门间缺乏协调合作而影响了手续审批进度，因此政府也应检讨公共管理的流程和模式。

经营风险预案方面：面临经营不善的破产危机，事前预案不足，缺乏应对对策。政府虽然设计了对设施服务水准维持方面的监管条例，但是针对项目陷入财务困难的监管措施不足。另外，经营恶化时项目公司曾提出，通过融资方介入项目或由政府收购设施，使项目能够继续经营，但政府对于该方案的具体手续应对不及时，未能实现在不中断项目的前提下进行项目者变更。

PPP/PFI 项目融资方面：在本项目中，项目融资者仅允许以“政府对本设施购买价格金额中可回收的部分”进行融资，未能有效激发项目融资者的积极性，未能发挥私营部门的杠杆作用。另一方面，政府对项目融资者的项目执行能力、信用能力审查不足，主观认为项目融资者会自主地进行项目经济性、项目执行能力及信用能力等方面的考核；项目破产在即时，政府还期望其他融资者能在经营恶化时介入，未能对 TARASO 福冈公司的经营恶化及时采取应对措施。这些都体现政府从事 PPP/PFI 项目治理能力的欠缺。

5.2.4 橿原市近铁八木站前南地下停车场项目（失败案例）

1. 项目概述

“橿原市近铁八木站前南地下停车场建设项目”位于橿原市大门口近铁八木站南地区，在进行地下停车场的修建、运营与维护管理的同时，根据私营部门的提案，还可以利用市有项目用地（3 200 平方米）的剩余容积，进行“私营部门收益项目设施”的建设、运营与维护管理，从而达到促进都市发展、繁荣地区经济的目标。

本项目于 2002 年 2 月与优先谈判权人签订了谅解备忘录。但随后签订正式合同前，在政府与优先谈判权人的谈判过程中，就私营部门收益项目设施的内容无法与地方团体达成一致，导致合同谈判不欢而散。接着与第二谈判权人进行合同谈判，但也无法达成一致。因此，在 2003 年 7 月决定中止 PPP/PFI 项目。项目决定中止后，政府专注于该地区的规划整理、街道整改等地表建设。

2. 项目过程

(1) 2002 年 2 月市政府与优先谈判权人签订谅解备忘录（基本协议）。

(2) 备忘录规定了进行合同谈判的宗旨，设置 6 个月的谈判期限。

(3) 针对私营部门收益设施（项目者的提案设施），与地方相关机构沟通。

(4) 对私营部门收益设施的建设内容变更进行了探讨，基于确保项目者选定公平性的原则，认为变更设施内容不合适。

(5) 项目合同未能签订，6 个月的谈判期限结束。

(6) 根据备忘录，设置了调解委员会（委员 3 名：市顾问律师、项目者一方律师、两位律师选定的专家（县规划整理协会专务理事））。

(7) 调解委员会召开了 4 次会议，最终未能达成一致，该委员会解散。

(8) 2003 年 1 月，正式向优先谈判权人通告停止协商。

(9) 2003 年 1 月，确认将与第二谈判权人进行谈判。

(10) 2003 年 2 月，与第二谈判权人开始谈判。

(11) 2003 年 6 月收到第二谈判权人提交的退出申请。

(12) 2003 年 7 月决定中止 PPP/PFI 项目及地下停车场项目。

(13) 2003 年 8 月,向市议会(都市开发特别委员会及市议会本会)汇报,批准项目中止。

(14) 此后,专注于街道规划整改等。

项目过程见图 5-2。

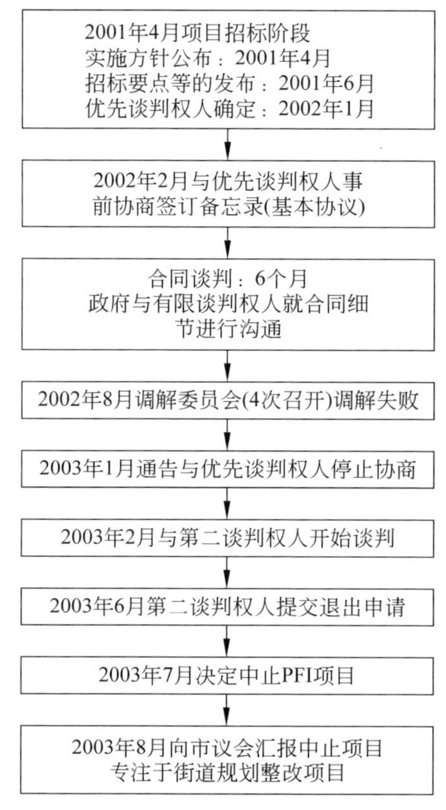

图 5-2 项目过程图

在项目合同谈判过程中,是始终向议会汇报进程。2002 年 2 月与优先谈判权人开始合同谈判后,在各次议会(2002 年 6 月和 2003 年 3 月)上对谈判进行情况进行了详细汇报。2003 年 6 月在接收第二谈判权人的退出申请后,向市议会的都市开发特别委员会及市议会本会报告中止 PPP/PFI 项目,得到了批准。

在向市议会报告中止 PPP/PFI 项目的同时,也对项目规划地自治会的员工和土地权利人进行了中止PPP/PFI项目的说明，并且在议会的宣传杂志（议会来信）上也向居民做了说明。另外，曾经因为规划地下停车场的建设而对土地使用进行了限制，项目中止后，土地权利人要求尽快进行地表整改。

3. 项目后续情况

PPP/PFI项目中止后，政府相关部门暂时中止了利用项目剩余土地的想法，转而致力于改造八木站前大道线等街道项目。

对近铁八木站南地区而言，仍然很有必要建造停车场。由于PPP/PFI项目模式不同，许多项目还是按传统供给方式推进项目规划整理及街道整改，政府内部也曾再次探讨实施停车场项目事宜。但是地下停车场建设费用太大，建造地上停车场似乎更为现实。另外，对本PPP/PFI项目的另一个项目目标——创造站前的繁华氛围和繁荣市中心街道经济的方案，政府内部仍在探讨。

5.3 政府类（公安、行政）PPP/PFI项目案例

5.3.1 东京都警视厅原宿警察署重建项目

1. 项目概述

东京都警视厅原宿警察署重建项目地处都市中心，绿化率高、占地面积大，是由警察设施（警察署大楼和单人宿舍等）与私营部门收益设施（住宅、写字楼、商业设施）构成的大型项目，目标是提升地区治安水平、促进区域经济繁荣。项目采取BTO方式，警方设施部分实行服务采购（部分独立核算），私营部门收益设施部分实行独立核算。项目于2004年11月公布方针，2005年12月签订合同（合同金额约57.2亿日元），2009年4月投入使用。项目年限，警方设施约18年（其中设计建设3年，管理运营15年），私营部门收益设施约50年。

项目是日本警察署首次实施的PPP/PFI项目，通过管控项目标准和充分利用民间技术，合理协调和处理了警方设施的特殊要求和私营部门对项目收益的需求。

2. 项目特点

项目利用了京都政府市中心罕有的未开发土地。该地块是大学遗址，绿化

率高，是居民熟悉的都市中心未开发地区，东京都政府最初购买此地块是为了当作防灾据点。本项目的目标是完成老化、拥挤的原宿警察署及临时单身宿舍的拆迁重建，提高本地治安水平；同时通过引进私营部门，在剩余土地上建设具有商业、居住等功能的收益设施，有效利用东京都中心罕有的政府自有土地，谋求东京城市活力的再生和区域经济的繁荣。

项目地块属于东京都自有土地，政府设想利用 PPP/PFI 模式推进项目后，就在政府内部成立了专门负责本项目的项目组。在 PPP/PFI 引进阶段，由东京都政府主导项目推进，警视厅方面派了两名成员加入项目组。项目中标者确定前，东京都财务局及警视厅作为项目主体；中标者确定后，警视厅主要负责项目监管。

项目设想形成初期，就考虑引进私营部门盘活警察署大楼以外的多余土地（建造商业设施、住宅），将私营部门收益设施作为 PPP/PFI 的附带项目，从而追求项目整体利益最大化。对于私营部门收益设施的内容，不同私营部门提案各不相同，为了实现警察设施与私营部门收益设施的统一整改，私营部门收益设施的设计和配置也被纳入评价体系。项目构想阶段曾探讨过警察设施与私营部门收益设施合建的计划，但因为警察设施与商业、住宅设施性能水准不同，最终还是决定把两者分开处理。

对警方设施与商业设施进行整体规划。由于项目用地是市中心罕有的大片地块，土地属性为商业地块，并且项目对私营部门收益设施的内容规定有很大自由度，因此，作为附带项目的私营部门收益项目具有很大吸引力。将警察设施与私营部门收益设施进行连片地块认定，可以增加容积率；对私营部门收益设施而言，项目整体化规划也很有益处。考虑项目者的资金负担，东京都政府决定一次性支付 95％的设计及建设费用，后期再根据各建设年度的进度支付剩余设计及建设费用。

基于警察设施的特殊性，严控项目流程标准。原则上 PPP/PFI 项目应以业务要求水准书上的性能标准为依据，但考虑警察设施的特殊性，还有部分内容必须进行特殊规格订货，而且需要保密，因此针对该项目部分设施政府另外制作了要求水准书委托给投标者。为了确保符合警方设施设计的特殊性要求，在项目投标资格条件中，除要求有设计警察设施的实践经验之外，还对投标者进行了 3 次面试，以进行更加深入的考察。

3. 项目进展

由于绿地在整个规划地中占有一定比例，在规划之初的设想中，如果利用绿地面积建设必要项目设施，会造成绿地面积较少，因此为保证绿地面积，只能建造必需的最小限度的警方设施。但根据私营部门的提案，能够实现在保证绿地面积的基础上，同时充分保证警察署的面积，而且还确保了私营部门收益设施的面积。如今，原宿警察署是日本警察大楼中最高的。由于警察设施特有的要求事项多，可以发挥民间创意的地方少，通常难与PPP/PFI融合。根据私营部门提案，项目建筑物可以实现外观非警察设施的风格印象，并且在警视厅警察设施中初次采用了抗震结构、太阳能面板、墙面绿化等多种民用技术。

本项目中，警察厅初次尝试引进PPP/PFI模式，由私营部门进行警察设施的维护管理。在开始实施PPP/PFI项目之前，花费了大量精力确认私营部门提案计划书中制订的维护管理计划是否适用于警察署原有的维护管理业务；在项目维护管理业务开始后，事实证明，维护管理计划的实施效率非常高。

实际上，本项目警察署年均维护管理费比其他警察署高，其主要原因是本项目增加了日常巡回检查，以及服务中心24小时遥控监视等功能，这些费用虽然导致警察署管理费用攀升，但有利于更好地发挥治安保障作用，因此总体而言，项目的维护管理业务质量更高效。

警视厅的监管内容包括：要求私营部门在运营开始前提交维护管理与运营业务规格书，项目年度开始前提交年度维护管理与运营业务计划书，还要求项目者提交月度报告书，以此确认实施内容，实现定期监管。

4. 项目成效

旧原宿警察署位于十分偏僻之处，在竹下大道也只有一个位于表参道大厦旁的警察岗亭。项目实施后，原宿警察署迁至都市中心，紧邻居民社区，根据居民反映，项目有效提升了地区治安水平。

为解决东京都拘留所设施不足问题，新项目计划扩充修建拘留所。但是在实践中发现居民虽然认为重建警察署能够改善地区治安情况，但是他们依然反对大规模修建拘留设施。因此，在政府的业务要求水准书中，要求项目建设后从建筑外观上判断不出警察设施内包含拘留所，消除地区居民顾虑。同时，项目对地区环境进行了美化整改，修建了一个居民一直想要的摩托车停车场，将现有的绿地作为开放空间进行了保留和修整，安装了具有紧急报警装置的外墙灯,进行犯罪防犯宣传等。

如果按照传统方式(公开竞争投标)进行投标,警察署新建工程的中标率约为80%～90%。引进PPP/PFI模式后,与原有方式相比,公共施设的财政支出可以实现物有所值高达44.3%,节省了政府财政支出。

5.3.2 东京都九段第三政府大楼、千代田区办公大楼整改项目

1. 项目概况

该项目为东京都政府与千代田区政府共同整改办公大楼,是日本首例国家与地方公共团体共管的PPP/PFI项目。项目设施包括东京都政府大楼、千代田区政府大楼、千代田区图书馆、千代田区男女共同参观中心以及残障者福利设施。项目采取BTO方式,最终实行服务采购。项目于2003年4月公布方针,2004年3月签订合同(合同金额约222亿日元),2007年2月投入使用。项目运营年限约18年。

项目最大限度地利用了现有办公大楼未利用的土地容积,使整改后的政府大楼建筑面积达到55 000平方米。根据私营部门的提案,实现了整改建筑与现有街道景观协调,并延续了政府办公大楼的建筑风格。在设施维护管理与运营方面,发挥了政府和地方团体共同整改的优势,共用部分公用设施,实现了节能环保的"绿色厅舍"。

2. 项目特点

项目由国土交通省与千代田区共管。最早,国土交通省为了对分散于东京都区部各处的行政机关进行集约化、立体化管理,开始研究九段第三政府大楼整改计划。关于整改模式,决定在都市活力再生项目(2001年8月第二次决定)中研究引进PPP/PFI模式的可能性。从高效利用国有土地的角度出发,预期将九段第三政府大楼整改为与私营部门收益设施合为一体的建筑物。与此同时,千代田区政府正在探讨重建老化、拥挤的办公大楼,在注意到公布的九段第三政府大楼整改计划后,向国土交通省提出将九段第三政府大楼与千代田区办公大楼合并整改的方案。

由千代田区办公楼代替私营部门收益设施入驻政府大楼,也能实现国有土地高度有效利用,而且可以实现地区行政设施的进一步集约化。基于这两点考虑,国土交通省接受了千代田区的提案,日本首例共管PPP/PFI项目——九段

第三政府大楼与千代田区办公大楼(以下将两个办公大楼简称为“办公大楼”)整改项目成立。

最大限度利用现有办公大楼未利用容积。本项目中进行共同整改的办公大楼是一项大规模建筑设施,如果只是利用项目所在地块的剩余容积进行整改,是非常困难的。为此,项目又利用了邻近九段办公楼、九段第二政府大楼地块约 26 000 平方米剩余容积,确保了整改项目总共约 55 000 平方米的土地面积。

建立国家部门、区政府、项目者三方合作机制。在引进 PPP/PFI 模式的研究中,决定国土交通省作为指导单位,具体实施委托千代田区政府。为了确保项目的顺利实施,国土交通省与千代田区政府签订了协议,同时也与私营部门签订了三方项目合同,还召开了三方维护管理与运营例行会议等,以便相关各方合作推进项目实施。

3. 项目进展

项目实现共同整改,设施共用。办公大楼的一层入口大厅是没有划分的整体空间,由国土交通省与千代田区共用。另外,二者也共用综合受理窗口、食堂、小卖部等设施,发挥了共同整改的优势。

合理分时利用设施。在该项目中,根据国土交通省与千代田区的管理功能,为办公大楼设置了不同的警备等级和运营时间,根据设施的用途进行维护管理和运营。另外,在投入使用后不久,出现了前往区立图书馆的电梯无法保证运营的问题,经过管理部门、入驻办公部门、项目者多方协商,最终采取设置图书馆专用电梯的方案。

政府监管方面,国土交通省负责审核私营部门提交的月报,根据需要进行实地调查监管。另外,对食堂等设施的使用者,私营部门通过问卷调查等方式对运营状况进行考评。

4. 项目成效

有效改善地区建筑景观协调性。项目办公大楼周边的九段地区邻近皇宫,逐渐形成了可以感受江户与东京历史的文化景观。因此,项目大楼的建筑形式、色彩、素材等也应充分体现地区的历史与文化特征,而且还必须与现有九段政府大楼、九段第二政府大楼建筑风格协调。

项目招标采购文件规定要形成良好的都市景观与风格稳重的沿途空间,选定与地区景观更加协调的提案：①以竖格子为主题使建筑物具有日本风情，符合皇宫周边建筑物应有的风格；②根据邻近现有办公楼的建筑高度，对项目大楼的设计进行划分，确保与现有办公楼风格的连续性，以便形成与周围街道协调一致的景观。

项目规则中，将办公大楼定位为具有节能、环保、使用寿命长、建设副产物少、使用环保材料等众多优点的环境保护型“绿色厅舍”。选定更加节能环保的提案：利用太阳能发电、日光照明等自然能源，采取雨水与排水再利用、水蓄热等措施有效利用资源。私营部门还承诺在维护管理运营期间，将二氧化碳排放量每年减少1%以上。

最终有7家单位参与投标。引进PPP/PFI模式后，政府公共财政支出减少了约37%，实现物有所值19亿日元，节省政府财政支出。

参考文献

[1] PPP 模式在日本的发展及启示. 中国环保网.（2014-06-20）. http：//www.chinaenvironment.com.

[2] 八田达夫，杉田定大，美原融，等. 日本 PPP 项目和产能过剩及僵尸企业处理经验[J]. 比较，2016(3).

[3] 胡振，刘华，牛德华. 日本 PFI 事业发展及政府管制问题研究[J]. 建筑经济，2007(6)：110-112.

[4] 胡振. 公私合作项目范式选择研究——以日本案例为研究对象[J]. 公共管理学报，2010，7(3)：113-121.

[5] 胡振虎，唐泽宇，叶申南. 简析日本 2016—2020 五年期财经政策 [J]. 中国财政，2016(7)：64-67.

[6] 金蓉. 国外政策性银行是如何运作的[J]. 金融信息参考，2001(9)：50-51.

[7] 刘国华. 人口老龄化对日本经济的影响分析[D]. 长春：吉林大学，2006.

[8] 刘健. 日本公共投资的经济效应分析[D]. 长春：吉林大学. 2014.

[9] 美原融. 借鉴日本 PPP/PFI 的成功和失败经验[J]. 比较，2016，3.

[10] 孟双见，吴海涛. 日本人口老龄化对日本社会经济的影响[J]. 日本问题研究，2005(4)：26-29.

[11] 潘宏胜，黄明皓. 部分发达国家基础设施投融资机制及其对我国的启示[J]. 经济社会体制比较，2014 (1)：24-30.

[12] 庞德良. 论日本公共投资困境与经济衰退长期化[J]. 财贸经济，2002 (2).

[13] 裴俊巍，包倩宇. 日本如何推进 PPP [J]. 中国政府采购，2015(7)：53-56.

[14] 裴俊巍. 国外 PPP 立法特点与经验借鉴[J]. 中国财政，2016 (12)：33-35.

[15] 阮征，PPP 模式下产业投资基金运作机制的中日对比研究[D]. 重庆：重庆大学，2016.

[16] 邵学峰. 日本"泡沫经济"破灭后的税收政策评析[J] . 现代日本经济 ，2007(1).

[17] 王伟. 人口老龄化对日本经济的影响及日本政府的对策研究[D]. 大连：东北财经大学，2007.

[18] 夏帅帅. 日本政府主导型市场经济分析[D]. 长春：吉林大学. 2014.

[19] 夏子敬. 日本财政支出及其对经济增长的影响分析(1969—2011)[D]. 长春：吉林大学，2014.

[20] 邢振森. 1990 年以来日本财政政策的非凯恩斯效应研究[D]. 沈阳：辽宁大学，2016.

[21] 熊鹭。日本政府债务问题剖析[J]. 金融发展评论，2011(4)：83-87.

［22］张改平，李津京. 日本 PFI 法吸引民资进入公共设施领域的分析［J］. 综合运输，2013（10）：72-77.

［23］张士斌，杨黎源，张天龙. 债务危机背景下的老龄化成本与公共财政困境——基于日本和欧美国家比较的视角［J］. 现代日本经济，2012（5）：55-64.

［24］郑明慧，吴宇. 20 世纪末中日积极财政政策比较［J］. 经济论坛，2004（9）：82-85.

［25］日本政策投资银行（DBJ）官网.（株）PPP/PFI 新庄のケース.［EB/OL］［2018-01-24］. http：//www. dbj. jp/case/01/shinjyo-pfi. html.

［26］「日本再興戦略 2016 —第 4 次産業革命に向けて—」（平成 28 年 6 月 2 日閣議決定）. 首相官邸 HP，p. 166. 九州・福岡の例として、谷口博文「官民連携と地方創生—九州 PPP センターの取り組み—」『日経研月報』No. 445，2015. 7，pp. 20-25 を参照.

［27］日本政策投资银行（DBJ）官网. Case Study：Haneda Airport International Passenger Terminal PFI Business［EB/OL］.［2018-01-24］. http：//www. dbj. jp/en/solution/social/public/haneda_pfi. html.

［28］日本政策投资银行（DBJ）官网. Loan Procedures.［2018-01-24］. http：//www. dbj. jp/en/service/finance/finance_flow/index. html.

［29］MINTO 機構とは网站.［2018-01-24］. http：//www. minto. or. jp/about/introduction. html.

［30］MINTO 机构网站. NTT-A 型無利子貸付業務. http：//www. minto. or. jp/archives/results_10. html.

［31］PFIとは何ですか？［2017-03-05］. http：//www8. cao. go. jp/pfi/pfi_jouhou/tebiki/kiso/kiso01_01. html.

［32］PFIの事業方式と事業類型.［2017-03-10］. http：//www8. cao. go. jp/pfi/pfi_jouhou/tebiki/kiso/kiso11_01. html.

［33］PFIの事業類型.［2017-03-11］. http：//www. pfipcj. co. jp/pfi/type. html.

［34］PFIの現状について.［2017-03-10］. http：//www8. cao. go. jp/pfi/pfi_jouhou/pfi_genjou/pdf/pfi_genjyou. pdf.

［35］PFI 関係法令.［2017-03-05］. http：//www8. cao. go. jp/pfi/hourei/kankei_hourei/pdf/110730pfi_hou. pdf.

［36］PFI 特定项目的选择.［2017-03-10］. http：//www8. cao. go. jp/pfi/pfi_jouhou/jigyou/shousai/pdf/iwate/170728tokuteijigyou-sentei. pdf.

［37］PFI 推进法.［2017-03-10］. http：//law. e-gov. go. jp/htmldata/H11/H11HO117. html.

［38］PFI 推進委員会の概要.［2017-03-05］. http：//www8. cao. go. jp/pfi/iinkai/gaiyou/gaiyou. html.

[39] PFI 业务系统和业务类型. [2017-03-10]. http://www8. cao. go. jp/pfi/pfi_jouhou/tebiki/kiso/kiso11_01. html.

[40] PPPとは、官民が協同して効率的かつ効果的に質の高い公共サービス提供を実現する「官民連携」の概念であり、PFI はその手法の1 つであると説明されている. 内閣府.

[41] PFI 推进委员会. PPP/PFI 推進アクションプラン. (2016-05-18)[2018-01-25]. http://www8. cao. go. jp/pfi/pfi_jouhou/platform/pdf/shien_platform_h28. pdf.

[42] 日本政策投资银行(DBJ)官网. Private Finance Initiative (PFI). [2018-01-24]. http://www. dbj. jp/en/service/finance/profai/index. html.

[43] SPC(Special Purpose Company). [2017-03-10]. http://www8. cao. go. jp/pfi/pfi_jouhou/tebiki/yougosyuu/yougo_11. html#az13.

[44] 经济产业省网站. アジアPPP 政策研究会(第 1 回)-議事要旨. (2008-12-22)[2018-01-24]. http://www. meti. go. jp/committee/summary/0004549/index01. html.

[45] ふるさと財团网站(Japan Foundation for Regional Vitalizatio): https://www. furusato-zaidan. or. jp/furusato/.

[46] 長野,幸司. 社会資本整備等における資金調達に関する研究[EB/OL]. (2003-12)[2018-1-25]. http://www. mlit. go. jp/pri/houkoku/gaiyou/pdf/kkk30. pdf.

[47] 地方公共団体におけるPFI 実施状況調査報告書. [2017-03-10]. http://www. soumu. go. jp/menu_news/s-news/02gyosei09_03000007. html.

[48] 第二清洁中心的维护和管理业务. [2017-03-10]. http://www8. cao. go. jp/pfi/pfi_jouhou/jigyou/shousai/okinawa. html#project02.

[49] 东洋大学官网: http://www. pppschool. jp/site/pppschool/faq. html.

[50] 東洋大学 PPP 研究センター. 公共施設等総合管理計画策定のための標準的なモデルの提案. (2015-01-07)[2018-01-24]. http://www. toyo. ac. jp/uploaded/attachment/14366. pdf.

[51] 東洋大学 PPP 研究センター. 公民連携白書 2016—2017[EB/OL]. (2016-10)[2018-01-24]. http://www. toyo. ac. jp/site/pppc/313568. html.

[52] 独立採算型のPFI 事業の実施事例はありますか? (2017-03-10)[2018-01-24]. http://www8. cao. go. jp/pfi/pfi_jouhou/tebiki/kiso/kiso11_01. html.

[53] 公共施設の整備・運営における民間活用. (2017-03-10)[2018-01-24]. http://dl. ndl. go. jp/view/download/digidepo_10316926_po_0952. pdf? contentNo=1.

[54] 規制改革・民間開放推進会議. 中間とりまとめ一官製市場の民間開放による「民主導の経済社会の実現. (2004-08-03).

[55] 国立国会図書館. 公共施設の整備・運営における民間活用— PPP/PFI 推進の方向性と課題. 調査と情報.[2017-03-24]. NUMBER 952.

[56] 国土交通省「地域プラットフォームについて」p. 2.

[57] 京都市立小中学校耐震化 PFI 事業.[2017-03-10]. http://www8. cao. go. jp/pfi/pfi_jouhou/jigyou/shousai/kyoto. html#project13.

[58] 経済財政運営と改革の基本方針 2016.[2017-03-10]. http://www5. cao. go. jp/keizai-shimon/kaigi/cabinet/2016/decision0602. html.

[59] 民間資金等活用事業推進会議「PPP/PFI 推進アクションプラン」(2016-05-18). 内閣府.

[60] 民間資金等活用事業推進委員会. 契約に関するガイドラインPFI 事業契約における留意事項について.(2013-06-23). http://www8. cao. go. jp/pfi/pfi_jouhou/tebiki/kiso/pdf/5-1. pdf.

[61] 民間資金等活用事業推進委員会. 2003. モニタリングに関するガイドライン. http://www8. cao. go. jp/pfi/pfi_jouhou/tebiki/jitsumu/pdf/q6-6. pdf.

[62] 名古屋港管理公会办公大楼整改项目.[2017-03-24]. http://www8. cao. go. jp/pfi/pfi_jouhou/jigyou/shousai/aichi. html#project14.

[63] 内閣府 PFI 推進室. PPP/PFI 推進に資する支援措置[EB/OL].(2017-03-31)[2018-01-25]. http://www8. cao. go. jp/pfi/shien/pdf/shien_ichiran. pdf.

[64] 内閣府国土交通省. PPP/PFI 地域プラットフォーム 運用マニュアル.[2017-03-10]. http://www8. cao. go. jp/pfi/pfi_jouhou/platform/pdf/unyo_manual_1. pdf。

[65] 内閣会議. 民間資金等の活用による公共施設等の整備等に関する事業の実施に関する基本方針の変更について[EB/OL].[2016-04-05]. http://www. pfipcj. co. jp/common/dl/basic_policy. pdf.

[66]「資産の有効活用等に関する検討会」資料[EB/OL].(2010-11-19)[2018-01-25]. http://www5. cao. go. go. jp/keizaiz/shisan/pdf/daizkai/siryou2. pdf#page=1.

[67] 平成二十二年度の地方財政.[2017-03-20]. http://www. soumu. go. jp/menu_seisaku/hakusyo/chihou/24data/24czs1-1. html.

[68] 全国地域 PFI 协会. PFI 事業の類型について. http://pfi-as. jp/pfi/pfi/post_8. html.(2017 年 3 月 10 日).

[69] 認知症高齢者グループホーム等の整備・運営事業.[2017-03-10]. http://www8. cao. go. jp/pfi/pfi_jouhou/jigyou/shousai/tokyo. html#project08.

[70] 日本 PFI・PPP 协会网站.[2018-01-24]. 日本 PFI・PPP 協会概要. http://www. pfikyokai. or. jp/outline/.

[71] 日本内阁 PFI 推进室. 北九州市立思永中学校整備 PFI 事業[EB/OL]. [2017-03-05]. http://www8.cao.go.jp/pfi/pfi_jouhou/jigyou/shousai/pdf/fukuoka/180720tokutei.pdf.

[72] 日本内阁 PFI 推进室. PFI 业务系统和业务类型[EB/OL]. [2017-03-10]. http://www8.cao.go.jp/pfi/pfi_jouhou/tebiki/kiso/kiso11_01.html.

[73] 日本再興戦略 2016 —第 4 次産業革命に向けて—」(平成 28 年 6 月 2 日閣議決定) p.21. 首相官邸 HP.

[74] 日本政策投资银行网站：http://www.dbj.jp.

[75] 神戸大学長野上智行. 特定事業の選定について. [2017-03-10]. http://www8.cao.go.jp/pfi/pfi_jouhou/jigyou/shousai/pdf/hyogo/084_13016_150415_2_01.pdf.

[76] 神戸大学医学部附属病院立体駐車場施設整備等事業. [2017-03-10]. http://www8.cao.go.jp/pfi/pfi_jouhou/jigyou/shousai/hyogo.html#project05.

[77] 事業類型. [2017-03-10]. http://www8.cao.go.jp/pfi/pfi_jouhou/tebiki/kiso/kiso11_01.html.

[78] 特定事業の選定について. [2017-03-10]. http://www8.cao.go.jp/pfi/pfi_jouhou/jigyou/shousai/pdf/kyoto/210508kyoutoshi_tokutei.pdf.

[79] 藤波匠. 次世代の社会資本整備に向けたPFIの在り方[J]. Japan Research Institute review. 2014, 5 (15): 35-54. https://www.jri.co.jp/MediaLibrary/file/report/jrireview/pdf/7378.pdf.

[80] 通过引进竞争对公共服务的改革法案(競争の導入による公共サービスの改革に関する法律). [2017-03-05]. http://law.e-gov.go.jp/htmldata/H18/H18HO051.html.

[81] 投資元によるモニタリングの在り方について、樋口孝夫『資源・インフラ PPP/プロジェクトファイナンスの基礎 理論』きんざい. 2014, pp.176-178.

[82] VFM(Value For Money)に関する ガイドライン[EB/OL]. (2001-07)[2018-1-24]. http://www8.cao.go.jp/pfi/pfi_jouhou/tebiki/jitsumu/pdf/q2-21.pdf.

[83] MINTO 机构网站. 無利子貸付業務(PFIタイプ)[EB/OL]. [2018-01-24]. http://www.minto.or.jp/archives/results_12.html.

[84] 新北九州空港駐車場整備等事業. [2017-03-10]. http://www8.cao.go.jp/pfi/pfi_jouhou/jigyou/shousai/fukuoka.html#project06.

[85] 新規の受付を行っていない業務(業務概要を含む). http://www.minto.or.jp/archives/index.html.

[86] 岩手县沿岸南部清洁中心维护管理业务. [2017-03-24]. http://www8.cao.go.jp/pfi/pfi_jouhou/jigyou/shousai/iwate.html#project06.

[87] 中国养老周刊. 养老领域 PPP 模式分析：何种模式适应市场发展[EB/OL]. (2016-12-

27)[2018-1-25]. http:// www. sohu. com/a/122730609_588474.

[88] 一般財団法人域総合整備財団〈ふるさと財団〉. (2017-03-02)[2018-01-24]. ふるさと財団は、地域創生 につながる プロジェクトを支援します. https://www. furusato-zaidan. or. jp/wp-content/uploads/2017/03/02zaidan-annai. pdf.

[89] 民間都市開発推進機構. クラウドファンディング活用型まちづくりファンド選定基準. [2017-03-10]. http://www. minto. or. jp/common/pdf/fand_choice. pdf.

[90] 一般財団法人地域総合整備財団〈ふるさと財団〉. ふるさと融資事例集 26[EB/OL]. (2017 年 3 月)[2018-01-24], https://www. furusato-zaidan. or. jp/wp-content/uploads/2017/04/H28_jireisyu. pdf.

[91] 一般財団法人民間都市開発推進機構. (2017-04-01)[2018-01-24]. メザニン支援業務実施要領. http://www. minto. or. jp/common/pdf/mezzanine_info. pdf.

[92] 移动通信测试设备开发管理项目. [2017-03-23]. http://www8. cao. go. jp/pfi/pfi_jouhou/jigyou/shousai/kanagawa. html＃project05.

[93] Zhen Hu, Shu Chen, Xueqing Zhang. Value for money and its influential factors: an empirical study of PPP projects in Japan[J]. Built Environment Project and Asset Management. 2014,4(2): 166-179.

[94] 总务省统计局人口推計の結果の概要. [2017-03-20]. http://www. stat. go. jp/data/jinsui/2011np/.